Kita-Praxis: Bildung
Sprachförderung
Wilfried Berghoff (Hrsg.)

Kita-Praxis: Bildung

Heike Brassington – Roswitha van Eickels – Sonja Löhmann
Leonie Mainka – Regina Monderkamp – Sylke Voßnacke – Bernadette Weßler

Sprachförderung:

hören
benennen
sprechen

3-6 Jahre

Cornelsen
SCRIPTOR

Herausgeber
Wilfried Berghoff unterrichtet an der Fachhochschule für Sozialpädagogik des Berufskollegs Vera Beckers in Krefeld. Er ist Autor von Fachbüchern zum Thema Sprachförderung und interkulturelles Lernen.

Die in diesem Werk angegebenen Internetadressen haben wir überprüft (Redaktionsschluss 30. 4. 2007). Dennoch können wir nicht ausschließen, dass unter einer solchen Adresse inzwischen ein ganz anderer Inhalt angeboten wird.

Quellen:
Lieder: Sind keine näheren Angaben vermerkt, sind Text und Musik des betr. Liedes traditionell – S. 31: Text und Melodie: Monika Schmitz, © Bergmoser und Höller Verlag AG, Aachen; S. 32: Text: Martine Palmen, Melodie: Hubertus Vorholt, © Bergmoser und Höller Verlag AG, Aachen; S. 37: Text und Melodie: volkstümlich, Textbearbeitung: Jenny Neuhäuser, © Bergmoser und Höller Verlag AG, Aachen; S. 40: Text und Melodie: Christel Neuhäuser, © Bergmoser und Höller Verlag AG, Aachen; S. 41: Text Margarete Jehn, Melodie aus England, Melodiefassung und © 1993 Autorenverlag Worpsweder Musikwerkstadt; S. 42: Text und Melodie: Marina Palmen, Bonn; S. 44: Text und Musik: Georg Feils, Aktive Musik Verlagsgesellschaft mbH, Dortmund; S. 49: Text: Lore Kleikamp, Musik: Detlev Jöcker, CD, MC und Buch „Und weiter geht´s im Sauseschritt" © Menschenkinder Verlag, 48157 Münster; S. 52: Text: Lore Kleikamp, Musik: Detlev Jöcker, CD, MC und Buch; S. 54: Text: © Wilhelm Topsch, Musik: trad. Glory Halleluja; S. 56: Text und Musik: B. Hering/W. Hering/B. Meyerholz © Trio Kunterbunt 64521 Groß-Gerau. *Texte:* Quellenangaben s. Seite des Abdrucks im Buch.

Nicht in allen Fällen konnten die Rechteinhaber von Texten oder Liedern ausfindig gemacht werden. Berechtigte Ansprüche werden im Rahmen der üblichen Vereinbarungen abgegolten.

Cornelsen online www.cornelsen.de

Bibliografische Information
Die Deutsche Bibliothek verzeichnet diese Publikation in der Deutschen Nationalbibliografie; detaillierte bibliografische Daten sind im Internet über http://dnb.ddb.de abrufbar.

Dieser Band folgt den Regeln der deutschen Rechtschreibung, die seit August 2006 gelten.

4. 3. 2. 1. Die letzten Ziffern bezeichnen
10 09 08 07 Zahl und Jahr der Auflage.

Redaktion: lüra – Klemt & Mues GbR, Wuppertal
Illustrationen: Christiane Pieper
Umschlaggestaltung und Layout: Magdalene Krumbeck, Wuppertal
Satz: stallmeister publishing, Wuppertal
Druck und Bindearbeiten: Westermann Druck Zwickau GmbH
Printed in Germany
ISBN 978-3-589-22376-3

Gedruckt auf chlorfrei gebleichtem Papier ohne Dioxinbelastung der Gewässer.

Inhalt

Inhalt

Vorwort

Der vorliegende Band ist Teil der Reihe „Kita-Praxis: Bildung“. Die insgesamt sieben Bände der Reihe begleiten Sie bei der Bildungsarbeit in Tageseinrichtungen für Kinder. Das Wort „begleiten“ ist bewusst gewählt. Die Formulierung „Kita-Praxis“ macht deutlich, dass alle Angebote dieser Reihe aus der täglichen Arbeit der Kindertagesstätten erwachsen sind und an die Erfahrungen von Erzieherinnen anknüpfen. Der Aspekt der *Bildung* ist in den Tageseinrichtungen für Kinder kein Novum, ist er doch bereits seit Jahren ein wesentliches Anliegen von Erzieherinnen und zudem in den Gesetzen verankert, die die Aufgaben der Tageseinrichtungen umreißen.
Neu an dieser Reihe ist die Systematisierung des Bildungsprozesses: Die für diesen Band speziell entwickelten Sprachförderangebote wurden mit Blick auf die verschiedenen Bildungspläne der Bundesländer Schritt für Schritt aufgebaut. Sie erleichtern dadurch auch die geforderte Dokumentation des Bildungsprozesses.

In einer Zeit des Umbruchs, in der Erzieherinnen sich mit immer stärker verändernden Lebenswelten, Familienstrukturen und sozialen Rahmenbedingungen und daran geknüpften Erwartungen bei der Betreuung, Erziehung und Bildung konfrontiert sehen, sind strukturierte Vorgaben, Hilfestellungen, Handreichungen und dergleichen unumgänglich geworden.
Zieht man die Ergebnisse der PISA-Studien heran und schaut sich in den erfolgreicheren Ländern um, so sind die Ergebnisse dort am besten, wo neueste pädagogische, psychologische und neurologische Erkenntnisse genutzt und miteinander verknüpft worden sind.
Bezogen auf die Arbeit mit Kindern, auf das Grundlegen von Bildung, trifft ein Bonmot des österreichischen Komponisten Anton Bruckner den Kern – es beschreibt, was verantwortbare Elementarbildung ausmacht:

„Wer hohe Türme bauen will, muss lange beim Fundament verweilen.“

Diesem Grundsatz folgt auch die Anlage dieser systematisch angelegten Reihe, die in Großbritannien seit Jahren mit Erfolg eingesetzt wird und die auch die in Deutschland als richtig erkannten Kompetenzbereiche kindlichen Lernens berücksichtigt: Mathematik, Natur und Umwelt, Kreativität, Sprache und Verständigung, Körper und Bewegung, Soziales Lernen sowie die Sprachförderung. Die Reihe verfolgt das Ziel, Orientierung zu bieten, die Bildungsprozesse im Alltag zu erleichtern und auf leicht verständliche Weise eine kontinuierliche Weiterentwicklung zu gewährleisten.
Die Vielfalt der angebotenen Aktivitäten soll es den Kindern über die Aneignung von Wissen und Fertigkeiten hinaus ermöglichen, Selbstbewusstsein, Eigenständigkeit und damit auf das Engste verbunden auch eine eigene Identität zu entwickeln.

Hierzu - und dies zeigen die genannten Kompetenzbereiche - ist ein Lernen mit allen Sinnen unabdingbar. Darüber hinaus orientieren sich die in den einzelnen Bänden angebotenen Aktivitäten an der Erlebniswelt der Kinder und folgen dabei aufeinander aufbauenden Prinzipien, beispielsweise vom Leichten zum Schweren oder vom Einfachen zum Zusammengesetzten. Außerdem eröffnen sie neue Horizonte, indem sie ausgehend vom Alltag der Kinder in andere - frühere - Zeiten, entfernte Kulturen, fremde Denkweisen führen.

Die Offenheit der Gestaltung durch unterschiedliche mediale Zugänge, erweiterte Angebote und Hinweise auf ähnliche Aktivitäten gewährleistet größtmögliche Freiheit für die Erzieherinnen *und* die Kinder, bietet aber auch die Möglichkeit, zum Beispiel die Eltern mit „ins Boot“ zu holen. So könnte unter anderem auf diese Weise neben der immer schon bestehenden Erziehungspartnerschaft zwischen Kindertagesstätte und Elternhaus auch eine Bildungspartnerschaft initiiert werden.

Die in jedem Band angelegten Kompetenz-Raster bieten die Möglichkeit, gegebene Lücken in einzelnen Bereichen wahrzunehmen und gezielt anhand des Kapitels und des Schwierigkeitsgrades passende Aktivitäten für einzelne Kinder oder Kleingruppen oder für alle Kinder auszusuchen. Unabhängig von der in den Bänden angegebenen Reihenfolge sind die einzelnen Spiel- und Übungsformen vielfältig kombinierbar, auch über den jeweiligen Band hinaus. Die übereinstimmende Einteilung in alltägliche Themenbereiche erleichtert die Orientierung. Nicht zuletzt können die Kompetenz-Raster aber auch hilfreich für die Dokumentation individueller Bildungsprozesse sein, da sie die angestrebten Kompetenzen klar beschreiben.
Abschließend sei noch einmal der Hinweis auf das oben genannte Zitat erlaubt: Die Reihe „Kita-Praxis: Bildung“ will helfen, das Fundament, das heißt die Entwicklungspotenziale der Kinder, möglichst breit und intensiv zu fördern, damit diese später vielseitig ausgeschöpft und die „Türme“ der Bildung möglichst hoch gebaut werden können.

Wilfried Berghoff

Einführung

Der vorliegende Band enthält mehr als 140 unterschiedliche Lern- und Spielangebote. Sie knüpfen an die alltägliche Erfahrungswelt von Kindern im Vorschulalter an und sollen insbesondere die Kinder mit Migrationshintergrund, aber auch deutsche Kinder, deren Sprachlernpotenzial bislang nicht altersgemäß ausgeschöpft ist, in ihrer Sprachkompetenz fördern und stärken.

Sprachkompetenz gilt als Schlüsselqualifikation, um die Welt in all ihren Facetten zu begreifen, sich in ihr zurechtzufinden. Sie ist wesentlicher Teil der Sozialisation, führt zur Teilhabe am Bildungswesen und der Arbeitswelt und letztlich auch zur Demokratisierung.

Sprachentwicklung ist kein isolierter Prozess, sondern vielfach eingebunden. So lernen wir Sprache zum Beispiel mit allen Sinnen und über die Bewegung im Alltagsleben. Dies führt dazu, dass auch dieser Band den siebzehn Themenbereichen (ergänzt durch „Freies Thema") folgt, die als Gliederungsmerkmal allen Bänden der Reihe „Kita-Praxis Bildung" zugrunde liegen:

- Ernährung
- Familie
- Farben
- Feste und Feiern
- Freies Thema
- Gesundheit
- Helfer im Alltag
- Ich bin ich
- Jahreszeiten
- Lernen mit Tieren
- Natur
- Reise und Verkehr
- Spielen
- Wasser
- Formen
- Wetter
- Wohnen

Die bereits erschienenen Bände dieser Reihe bilden ein Spektrum der Prozesse, innerhalb derer sich auch Sprache entfaltet; und da Sprachförderung immer in Zusammenhang mit anderer Förderung steht (vgl. die Titel der bereits vorliegenden Bände), also in eine ganzheitliche Förderung integriert ist, können zahlreiche Aktivitäten dieser Bände unter Berücksichtigung der unten aufgeführten Planungsaspekte auch sprachfördernd genutzt werden.

Einführung

In den Randspalten einer jeden Seite finden sich die wichtigen Informationen im Überblick: Themenbereich, Schwierigkeitsgrad, erforderliche Gruppenstärke und Zeitrahmen sowie eine Material- oder Medienliste und gegebenenfalls Warn-/Sicherheitshinweise.

Alle Aktivitäten können so variiert werden, dass sie sich in eine Themenstellung eigener Wahl leicht einfügen und sich mit anderen Spiel- und Übungsformen – auch aus anderen Bänden dieser Buchreihe (siehe oben) – vereinbaren lassen.

Der vorliegende Band gliedert sich in fünf Kapitel, die einerseits das bekannte Agieren mit Kindern in der Einrichtung aufzeigen, andererseits aber auch dazu anregen sollen, die Möglichkeiten der Sprachförderung in ganzheitlichem Zusammenhang auszuschöpfen: Sprache und Musik, Sprache und Bilder/Schrift, Sprache und Bewegung, Sprache und Alltagshandeln usw.
Im Folgenden wird näher auf die einzelnen Kapitel eingegangen.

Reime, Lieder, Fingerspiele
Reime, Lieder, Fingerspiele gehören zu den ureigensten Elementen des kindlichen Spracherwerbs. Dies gilt wohl für alle Sprachen unserer Erde. Ursache dafür ist der spielerische Charakter, der sich hier auch im Umgang mit der Sprache selbst manifestiert. Nicht ohne Grund hat deshalb auch die Sprachwissenschaft ein besonderes Augenmerk gerade auf diese Sprachformen gelenkt, hat man doch erkannt, dass durch diese „literarischen Formen“ bereits in der Kindergartenzeit eine phonologische Bewusstheit im weiteren Sinne angelegt wird. Die Freude am Sprechen wird maßgeblich angeregt. Reime, Lieder und Fingerspiele bieten mittels ihrer wiederkehrenden Elemente, die die Kinder schnell auswendig lernen, eine erste Struktur. Sie helfen ihnen, durch Reim oder liedbegleitendes Klatschen oder rhythmisches Bewegen von Fingern und Händen z. B. Wörter in Silben zu zerlegen. Intuitiv werden die Kinder auf diese Weise an die formale Struktur unserer Sprache herangeführt – ein erster Schritt zu einer phonologischen Bewusstheit, die dann in der Grundschule im Rahmen des Schriftspracherwerbs erweitert wird.

Für viele Kinder mit Migrationshintergrund bieten Reime, Lieder und Fingerspiele einen ersten Zugriff auf unsere Sprache. Der Wiedererkennungswert der sich wiederholenden Textstellen und die damit verbundene Wiederholung auch von Bewegungen „öffnet“ diesen Kindern unsere Sprache, weckt die Freude am Sprechen und motiviert sie, das Erlernte immer wieder vorzutragen und den anderen Kindern, der Erzieherin und den Eltern zu zeigen. Dabei ist es nicht wichtig, dass auf Anhieb alle Worte oder gar die Bedeutung des ganzen Verses oder Liedes verstanden wird, wichtig ist die korrekte Wiedergabe der Laute, Silben oder Wortklänge. Gerade deshalb sollten diese zeitweise in Vergessenheit geratenen Sprachformen immer wieder geübt werden.

Begegnung mit Bildern und Geschichten – Interesse an Büchern
Wie Reime, Lieder und Fingerspiele gehören (Bilder-)Buchbetrachtungen, Märchen und Erzählungen zu den fundamentalen Aktivitäten bei der sprachlichen Förderung von Kindern. Wie aufmerksam diese dabei zuhören, kann man daran feststellen, dass man auf Protest seitens der kleinen Zuhörer stößt, wenn man (etwa aus Zeitgründen) versucht, eine schon mehrmals vorgetragene Geschichte zu kürzen. Diese „Unzulässigkeit“ wird nicht selten mit den Worten zurückgewiesen, dass das so gar nicht im Buch stehe und man richtig vorlesen solle.

Sorgfältig ausgesuchte Bild- und Buchvorlagen aus der Erfahrungs- und Erlebniswelt der Kinder eröffnen ungezählte Möglichkeiten, Sprechanreize zu bieten. Auf den Modellcharakter für späteres Sprech- und Leseverhalten, den Vorlesen und der Umgang mit Büchern in einer zunehmend (vor-)lesearmen Zeit für die Kinder haben, ist schon im Band „Sprache und Verständigung“ hingewiesen worden. Unter sprachfördernden Aspekten sei hier betont, dass die Betrachtung von Bildern oder das Besprechen einer Geschichte dem Kind Gelegenheit gibt, zunächst vielleicht nur in einem Wort, später in Zwei- und Dreiwortsätzen bis hin zu Mehrwortsätzen, sein Verständnis von dem Gehörten wiederzugeben, sich und eigene Erfahrungen einzubringen und damit auch lernt, über eigene Gefühle zu sprechen. Gerade dieser Aspekt gewinnt immer mehr an Bedeutung, weisen Beobachtungen in den Tageseinrichtungen für Kinder und in den Grundschulen doch darauf hin, dass die Kinder dazu kaum noch in der Lage sind, nicht zuletzt deshalb, weil sie nicht über das geeignete Vokabular verfügen. Ist man sich dessen als Erzieherin bewusst, kann entsprechendes Bild- und Buchmaterial ausgesucht werden. Dies gilt auch für grammatische Phänomene. Mit einer vernünftigen Vorplanung kann man ganz gezielt zum Beispiel das Erlernen und Festigen des richtigen Gebrauchs von Präpositionen, Steigerungsformen, Pluralbildungen und dergleichen mehr „initiieren“.

Gerade bei Kindern, die der deutschen Sprache noch nicht so mächtig sind, ist eine gezielte, in Bildbesprechungen oder Vorleseaktionen eingebundene Förderung bestimmter grammatischer Prinzipien sehr wichtig. Man denke in diesem Zusammenhang zum Beispiel an den Gebrauch des richtigen Artikels, ein grammatisches „Phänomen“, das in der türkischen Sprache gar nicht bekannt ist und sich zum Beispiel in vielen anderen Sprachen an dem natürlichen Genus (*die* Huhn statt *das* Huhn) orientiert.

Spielend sprechen
Gemeint ist hier zunächst noch nicht der spielerische, improvisierende Umgang mit Sprache, sondern die Sprachförderung während des Spielens bzw. der Bewegung. Hier können einerseits situationsorientiert Angebote der Kinder aufgegriffen werden, andererseits müssen solche sprachfördernden Situationen auch herbeigeführt werden.

Die Verknüpfung zwischen Sprache und Motorik ist hinreichend bekannt. Grobmotorische Bewegungen wie Greifen, Robben, Krabbeln bis hin zum Gehen entwickeln sich parallel zur Sprache, und dass eine abgestimmte feinmotorische Koordination im gesamten Mund- und Rachenraum für eine verständliche Artikulation ausschlaggebend ist, wirkt einleuchtend.

Die Übungen in diesem Kapitel sind deshalb so ausgesucht, dass die Sprachförderung einhergeht mit Bewegung. Eine zentrale Rolle spielt hier das Wort „begreifen" in seiner doppelten Bedeutung: Kinder müssen Dinge ausprobieren, sie „hand-haben", sie „be-greifen", um sie zu verstehen. Dies gilt nicht nur für den Mutterspracherwerb, sondern auch für den Zweitspracherwerb. Sprachförderung muss deshalb alle Repräsentationssysteme, die unser Körper zur Verfügung hat, nutzen, um die Kinder ihre Umwelt erspüren zu lassen. Dazu gehört neben den bekannten fünf Sinnen auch die Bewegung. Diese - häufig einhergehend mit dem kindlichen Spiel - fördert die Sprache und damit auch die Gesamtpersönlichkeit des Kindes.

Voraussetzung für viele der hier aufgeführten Aktivitäten ist die Möglichkeit, Bewegungsräume für die Kinder zu schaffen und sie zur Bewegung zu animieren. Das aus dem Kindergartenalltag bekannte freie Spiel, das Spiel mit dem Ball, Verstecken und Nachlaufen im Außengelände sind Grundvoraussetzung, um Sprache spielend zu realisieren.

Sprechen im Alltag

Ersetzen wir im letzten Satz des vorigen Abschnitts das Wort „spielen" durch „handeln", kann man formulieren: Jegliches Tun und Handeln im Alltagsgeschehen dient der Sprachförderung, wenn es sprachlich begleitet wird. Umgekehrt gilt in Anlehnung an Paul Watzlawick („Man kann nicht nicht kommunizieren"), dass Sprache ohne Handlung nicht funktioniert, dass sie gebunden ist an das, was wir im Alltag tun.

Gerade im Alltagsgeschehen kommt der Erkenntnis, dass Kinder sich mitteilen wollen und auch bestrebt sind, dies möglichst richtig zu tun, eine besondere Bedeutung zu. In alltäglichen Situationen, angefangen vom Frühstück, dem „Sichzurechtfinden" in der Einrichtung, dem Anziehen bis hin zur Verabschiedung von der Erzieherin am Ende eines schönen Tages, haben die Kinder das Bedürfnis zu sprechen. Es ist die Aufgabe der Erzieherin, bei Kindern, die dafür noch nicht die ausreichenden Voraussetzungen mitbringen, weil sie beispielsweise gerade erst in Deutschland angekommen sind, deren Handeln in gemeinsamen Aktionen zu versprachlichen. Es versteht sich von selbst, dass hier noch das Handeln des Kindes im Vordergrund steht, die sprachliche Begleitung deshalb so zurückhaltend geschehen muss, dass das Kind sich bei seiner Beschäftigung nicht gestört fühlt. Bei einem fortgeschrittenen Spracherwerbsprozess sollten die Kinder dazu angehalten werden, ihr Tun in eigene Worte zu fassen.

Die vielen unterschiedlichen Tätigkeiten, die im Alltag einer Einrichtung für die Kinder relevant sind, sorgen durch die sprachliche Begleitung dafür, dass die eingangs erwähnte Sozialisation, die Teilhabe am Bildungswesen und Arbeitsprozess sowie die notwendige Demokratisierung nicht nur frühzeitig eingeübt, sondern auch „reflektiert" werden.

Wir machen Theater

Theater spielen, insbesondere mit Kindern, bedeutet ganzheitliches, handlungsorientiertes Lernen, bei dem die heute immer stärker geforderten Schlüsselqualifikationen wie Kooperationsfähigkeit, Einfühlungsvermögen, Engagement, Selbstständigkeit, Kreativität, Flexibilität und neben vielen anderen (man beachte den Beitrag zur ästhetischen Erziehung) nicht zuletzt auch Kommunikationsfähigkeit ausgebildet werden. Theater spielen mit Kindern mit Sprachförderbedarf setzt an bei den darstellerischen Möglichkeiten, bei denen verbale Kommunikation zunächst einmal gar nicht gefordert ist. Mit anderen Worten: Figuren- und Maskenspiel, Pantomime im weitesten Sinne, das Nachahmen von Gestik und Mimik beispielsweise vorgegebener Gefühle bieten auch den noch „Stummen" die Möglichkeit, sich „in Szene" zu setzen, sich vor und mit anderen auszudrücken. Diese erste Darstellung ihrer selbst mit den geringsten Mitteln bildet wiederum den ersten Schritt auf dem Weg, Sprechfreude zu wecken, sich nach und nach auch verbal auszudrücken, den Wortschatz über das Spiel sukzessive zu erweitern und dadurch neue Kompetenzen zu entwickeln.

Über das Theaterspiel können auch Kinder in Kontakt kommen, die sich zunächst auf der verbalen Ebene gar nicht verstehen, die handelnd nach Verständigung suchen und damit schon frühzeitig eine soziale und interkulturelle Kompetenz einbringen.

Die Übungen dieses Kapitels basieren auf genau diesen Erfahrungen. Ausgehend vom darstellenden Spiel, dem Kommunizieren mit Körper und Mimik, über genaues Hinhören, rhythmisierte Sprachmuster, das Anwenden von vorgegebenen Satzmustern, sollen nach und nach zum Beispiel auch Wortfelder „hinzugewonnen" und die Dialogfähigkeit erweitert werden. Im optimalen Fall erreicht man eine narrative Kompetenz, die die Erkenntnis, welche Faktoren eine Geschichte ausmachen, mit einschließt. Ein wichtiges Kriterium bei der Auswahl der Übungen ist auch die Bedingung, mit minimalem Aufwand, das heißt ohne viel Requisite, Theater spielen zu können, um jederzeit Zugriff auch auf diese Form der Sprachförderung zu haben.

Planungsaspekte

In den bisherigen Abschnitten der Einführung sind grundsätzliche Überlegungen zu mehr oder weniger bekannten Sprachförderformaten beschrieben worden. Erfolgreiche Sprachförderung ist aber an mehr gebunden als an ein auf Aktivitäten bezogenes Sprachförderrepertoire.

In der einschlägigen Fachliteratur findet man zu dieser Thematik häufig Aussagen, die die Haltung der Erzieherin zur Sprachförderung beschreiben: Eine Erzieherin soll sich *bewusst* dazu entscheiden, (zweit-)sprachfördernd tätig zu werden, um durch Authentizität wirkungsvoll auf die Kinder einwirken zu können. Lexikalische und grammatikalische Korrektheit gelten hier als ein weiteres Kriterium; angemessenes Vokabular, deutliche Aussprache und die Sprache begleitendes Handeln sind Beispiele für ebenfalls notwendige Bedingungen. Hinzu kommen Umfeldfaktoren wie sprach- und kommunikationsanregende Räume, einschließlich der dazu gehörigen Atmosphäre und das Gespür für Themen der Kinder, die sprachfördernd aufgegriffen werden können, sowie die Erkenntnis, dass Sprachförderung für alle Kinder möglich ist.

Betrachten wir jedoch das Ziel, das wir erreichen wollen, nämlich ein Kind auf einem bestimmten Sprachstand abzuholen, um es durch gezielte Fördermaßnahmen in seiner sprachlichen Entwicklung weiterzubringen, bedarf es dazu neben all den genannten Fähigkeiten einer sprachdiagnostischen Kompetenz, die gewährleistet, dass Kinder in ihrem Sprachverhalten weder unter- noch überschätzt werden. Zur Professionalisierung gehört daher neben einem kritischen Standpunkt gegenüber der eigenen Wahrnehmung die Aneignung diagnostischer Verfahren sowie deren sachgerechte Anwendung und Auswertung. Erst auf dieser Basis kann eine dem einzelnen Kind angemessene Förderung gelingen. Dies schließt nicht aus, dass diese Förderung nicht auch in Kleingruppen oder der gesamten Gruppe geschehen kann.

Literaturempfehlungen zum Thema „Sprachstandsdiagnostik“:

Kany, W./Schöler, H.: Fokus Sprachdiagnostik – Leitfaden zur Sprachstandsbestimmung im Kindergarten. Berlin 2007

Thiesen, P.: Ganzheitliche Sprachförderung – Ein Praxisbuch für Kindergarten, Schule und Frühförderung. Weinheim 2004

Tophinke, D.: Sprachförderung im Kindergarten – Julia, Elena und Fatih entdecken gemeinsam die deutsche Sprache. Berlin 2007

Winner, A.: Kleinkinder ergreifen das Wort – Sprachförderung mit Kindern von 0 bis 4 Jahren. Berlin 2007

Das bedeuten die Symbole im Buch

– Schwierigkeitsgrad

Mit Punkten von bis wird der Schwierigkeitsgrad angezeigt, der für die Kinder mit der Bearbeitung einer Aufgabe verbunden sein kann. steht für eine einfache Aktivität, weist auf Aktivitäten für Kinder hin, deren Sprachstand bereits fortgeschrittener ist und die in absehbarer Zeit die Grundschule besuchen werden. Die Gruppen können altersheterogen zusammengesetzt sein, entscheidend sind hier der Sprachstand und die angestrebte Lernerfahrung (siehe hierzu den Abschnitt „Planungsaspekte!"). Ein höherer Schwierigkeitsgrad ist mit zunehmendem Lernfortschritt, das heißt einem verbesserten Sprachstand zu erreichen. Die Kapitel sind vom Leichten zum Schweren aufgebaut.

8 **– Gruppenstärke**

Anzahl der teilnehmenden Kinder unter Berücksichtigung einer angemessenen Sprachförderung und der Aspekte Sicherheit und Schwierigkeit der Aktivität. Eine günstige Kinder-Erwachsenen-Relation ermöglicht auch weniger lernstarken und/oder spracherfahrenen Kindern die Bewältigung sprachfördernder Angebote. Die Gruppenstärke weist auf die Anzahl der Kinder während der Durchführung der Aktivität selbst hin, nicht auf Hinführungen oder Nachbesprechungen (Ergebnisreflexionen) in der Gesamtgruppe.

20 **– Zeitaufwand**

Die Zeitangaben sind nur Rahmenhinweise. Sie sollen in keiner Weise einengen. In der Regel bezeichnen sie den reinen Zeitaufwand für die Durchführung der Aktivität, Vor- und Nachbesprechungszeiten sind nicht eingerechnet. Auch Vertiefungen und Variationen sind gegebenenfalls hinzuzurechnen.

! – Warnhinweis/Sicherheitsrisiken

Dieses Symbol weist darauf hin, dass für die betreffende Aktivität die Beaufsichtigung durch Erwachsene erforderlich ist. An relevanten Stellen werden die Arbeitsanleitungen durch zusätzliche Sicherheitshinweise ergänzt. Es wird dringend empfohlen, diese Hinweise vor Beginn einer Aktivität zu beachten.

Allgemeine Sicherheitsaspekte

Kinder sind aktiv Lernende. Lern- und Spielangebote, die zum Erkunden, Erforschen, Konstruieren oder Gestalten einladen, umfassen bisweilen potenziell gefährdendes Zubehör. Ein Teil des Lernprozesses besteht darin, dem Kind Gelegenheit zu geben, den sicheren Gebrauch solcher Gegenstände oder Stoffe zu erlernen. Da Kinder im Vorschulalter Gefahren nicht einschätzen können, sind die Erwachsenen aufgefordert, ihr Gruppensetting regelmäßig auf Risiken und Gefahren hin zu überprüfen.

Eltern sind Experten für ihr Kind und dessen persönliche Erfahrungswelt; ihre Hinweise bilden wertvolle Bausteine für die Arbeit von Pädagoginnen und Pädagogen. Zu den Informationen, die in der Arbeit mit Kindern unerlässlich sind, gehört die Kenntnis von möglichen Gesundheitsproblemen, insbesondere Allergien.
Sicherheitsbestimmungen seitens Ihres Arbeitgebers oder Trägers haben vor den Empfehlungen dieses Buches Vorrang; überprüfen Sie die entsprechenden Bestimmungen und Richtlinien genau in Bezug auf den Gebrauch von jeglichem Zubehör, Werkzeugen und Materialien.

Variationen
Die Variationen beinhalten Empfehlungen, wie das Gelernte auch in andere Erfahrungsräume eingebracht werden kann.
Viele Lern- und Spielangebote greifen auf wiederverwendbares Material (Verpackungen, Zeitschriften usw.) zurück. In vielen Fällen können die Kinder dieses vielleicht von zu Hause mitbringen.

Ähnliche Aktivitäten
Vielen Lern- und Spielangeboten ist eine Liste mit Aktivitäten angefügt, die sich auf Spiel- und Übungssituationen mit einer vergleichbaren Lernerwartung (grammatischer oder sprachlicher Art) beziehen. Hierin unterscheidet sich dieser Band von den bisher erschienenen, in denen sich die ähnlichen Aktivitäten auf inhaltsgleiche Varianten bezog.

Portfolio: Dokumentation des Leistungsfortschritts

Es wird empfohlen, den Leistungsfortschritt der Kinder zu dokumentieren und in einer Portfolio-Mappe aufzubewahren. Entsprechende Entwicklungsprotokolle gehören dazu ebenso wie Bilder, Zeichnungen oder erste „Schreibversuche“. Diese Sammlung kann später für die Kinder und Eltern im Sinne von Förderbögen und Lernfortschrittserkenntnissen Anlass zu gemeinsamer Betrachtung und Freude sein, darüber hinaus aber auch Grundlage zum Beispiel für Elterngespräche anlässlich einer qualifizierten Beratung beim Übergang in die Grundschule.

Das nachfolgend aufgeführte Kompetenz-Raster bietet für jeden Lernbereich Anhaltspunkte für die zu dokumentierenden Lernfortschritte. Alle Kompetenz-Raster der Reihe zusammengenommen ergeben eine umfassende Übersicht über die Kompetenzen, über die ein Kind im Idealfall vor dem Wechsel in die Grundschule verfügen sollte. Die Dokumentationen sollten archiviert werden.

Reime – Lieder – Fingerspiele
⚀ – ⚄
Den Wortschatz zu unterschiedlichen Themen entwickeln, erweitern und vertiefen
Phonologische Bewusstheit entwickeln, erweitern und vertiefen
Sprechfreude wecken und entwickeln
⚀
Benennen und zuordnen von Nomen
Verben anwenden
⚁
Adjektive anwenden
Chronologische Abläufe erkennen
Den Gebrauch von Verben erweitern
Zahlen und Mengen erfahren und lernen
⚂
Den Gebrauch von Adjektiven erweitern
Den Gebrauch von Verben erweitern
Fantasiewörter bilden
Farben erkennen und zuordnen
Gefühle äußern
⚃
Den Gebrauch von Präpositionen erweitern und vertiefen
Den Gebrauch von Verben erweitern und vertiefen
Gefühle äußern
Körperteile zuordnen und benennen
Zeitbegriffe entwickeln
⚄
Chronologische Zeitabläufe erkennen und benennen
Das eigene Geburtsdatum kennen und einordnen können
Den Gebrauch von Verben erweitern und vertiefen
Die Abfolge der Monate erlernen und zuordnen können

Begegnungen mit Bildern und Geschichten – Interesse an Büchern
⚀ – ⚄
Den Wortschatz zu unterschiedlichen Themen entwickeln, erweitern und vertiefen
Mehrwortsätze bilden, Satzstrukturen erweitern und vertiefen
Sprechfreude wecken und entwickeln

Kompetenz-Raster

⚁
Adjektive zu Gefühlen lernen und anwenden
Über eigene Erfahrungen berichten
Zusammenhänge erkennen
⚂
Begriffsbildung der Kinder fördern
Beschreiben, wie Dinge schmecken
Die Jahreszeiten vergleichen und Unterschiede erarbeiten
Eigenschaften von Personengruppen benennen
Farben in der Natur erkennen und benennen
Geschichten aus Bildern erfinden
Neue Dinge beschreiben und ihre Funktionen erarbeiten
Unterschiede mittels Verben und Adjektiven erarbeiten
Vergleiche zwischen Gegenwart und Vergangenheit ziehen
Zusammenhänge erkennen
Zusammenhänge zwischen Farben und Bildern erkennen
⚃
Eigene Erfahrungen mitteilen und Gelerntes wiedergeben
Gefühle äußern
Über Gefühle sprechen
⚄
Mehrzahlformen vertiefen
Satzgefüge bilden

Spielend sprechen
⚀ – ⚄
Den Wortschatz zu unterschiedlichen Themen entwickeln, erweitern und vertiefen
Mehrwortsätze bilden, Satzstrukturen erweitern und vertiefen
Sprechfreude wecken und entwickeln
⚁
Die Benennung von Formen erlernen
Nomen im Singular und im Plural benennen
⚂
Eine Tätigkeit in der Vergangenheitsform beschreiben
Präpositionen erlernen und anwenden
Zahlwörter erlernen und anwenden

⚃
Adjektive als Teil des Prädikats kennenlernen
Den Gebrauch von Adjektiven erweitern und vertiefen
Den Gebrauch von Präpositionen erweitern und vertiefen
Die Begriffe „Junge“ und „Mädchen“ erlernen und anwenden
Die Konjugation des Hilfsverbs „sein“ erlernen und anwenden
Festigen der Zahlen von 1 bis 10
Steigerung des Adjektivs kennenlernen
⚄
Adjektive und ihre Steigerungsformen erlernen, anwenden und festigen
Den Gebrauch bestimmter und unbestimmter Artikel erweitern und vertiefen
Die Pluralbildung von Nomen erlernen
Konjugation des Hilfsverbs „haben“ im Präsens vertiefen
Notwendige Nomen mit entsprechenden Artikeln, Verben und Adjektiven zur Beschreibung der eigenen Person erlernen
Possessivpronomen erlernen, anwenden und einüben
Possessivpronomen zur Beschreibung der Familienverhältnisse erlernen

Sprechen im Alltag
⚀ – ⚄
Den Wortschatz zu unterschiedlichen Themen entwickeln, erweitern und vertiefen
Mehrwortsätze bilden, Satzstrukturen erweitern und vertiefen
Sprechfreude wecken und entwickeln
Zählen üben
⚀
Artikel anwenden
Einfache Fragesätze formulieren
Farben erlernen
⚁
Adjektive verwenden
Artikel anwenden
Die Farben den Kleidungsstücken zuordnen
Formen, primär das Viereck als Quadrat und Rechteck, kennenlernen
Freies Erzählen üben
Geometrische Formen benennen
Gustatorische (Geschmack) und taktile (Ertasten) Adjektive anwenden, um die Lebensmittel zu beschreiben
Konjunktionen anwenden

Konstruktionsmaterialien benennen
Präpositionen anwenden
Rechts – links benennen
Vergleichsformen anwenden
Zählen üben

Adjektive anwenden und erweitern
Artikel anwenden und erweitern
Die Stadt, die Straßennamen, die Hausnummer kennenlernen
Familiennamen kennenlernen
Jahreszeiten kennenlernen und Symbolen zuordnen
Kenntnis über die Farben vertiefen
Monate in Verbindung zu den Jahreszeiten setzen
Präpositionen anwenden und erweitern
Steigerungsformen anwenden
Tempo der Bewegungen durch Adjektive beschreiben
Verben anwenden und erweitern
Verben den Bewegungen der Tiere zuordnen
Verben im Imperativ benutzen
Verben in Bewegung umsetzen
Zählen üben

Adjektive anwenden und in Bewegung umsetzen
Artikulation üben
Aufgaben verstehen und umsetzen
Den Gebrauch von Artikeln erweitern und vertiefen
Den Gebrauch von Verben und Adjektiven erweitern und vertiefen
Farben und Formen benennen
Geometrische Grundformen erkennen, zuordnen und benennen
Olfaktorische (Geruch) Adjektive anwenden
Satzgefüge verstehen und bilden
Steigerungsformen anwenden, erweitern und vertiefen
Vergleiche anwenden, erweitern und vertiefen
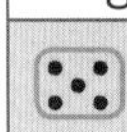
Steigerungsformen erweitern und vertiefen

Wir machen Theater
⚀ – ⚄
Den Wortschatz zu unterschiedlichen Themen entwickeln, erweitern und vertiefen
Mehrwortsätze bilden, Satzstrukturen erweitern und vertiefen
Mit Körpersprache und Mimik kommunizieren
Phonologische Bewusstheit entwickeln, erweitern und vertiefen
Sprechfreude wecken und entwickeln
⚀
Bewegungen imitieren
Genaues Hinhören üben
⚁
Dialogfähigkeit erweitern
Eigene Ideen umsetzen und vorstellen
Satzmuster anwenden und wiederholen
Sich an Vergangenes erinnern und es versprachlichen
Verben im Perfekt anwenden
⚂
Adjektive verstehen und anwenden
Artikel mit richtiger Flexion benutzen
Dialogfähigkeit fördern
Handlungen imitieren
Handlungsaufträge erinnern und ausführen
Passende Verben für Handlungen finden
Rhythmische Sprachmuster wiedergeben
Sätze mit Wenn-dann-Struktur anwenden
Sätze oder Anweisungen merken und anwenden
Satzmuster anwenden
Sich eine steigende Anzahl von Silben merken und wiedergeben
Sprache emotional einsetzen
Stimme spielerisch einsetzen
Zu einem Thema assoziieren

⚃
Adjektive anwenden
Aus einer Körperhaltung heraus eine Situation beschreiben
Begriffe „vorher/nachher“ verstehen und anwenden
Den Begriff „Geschichte“ verstehen
Dialogfähigkeit erweitern
Eine kurze Handlung erfinden
Einer Figur eine Stimme geben
Geschichten aus Bildern erfinden
Geschichten nachspielen und nacherzählen
Imitieren und beschreiben
Persönliche Fragen stellen
Sprachanregungen aufnehmen und umsetzen
Tätigkeiten benennen und darstellen
Verstehen, dass ein Gespräch aus Fragen und Antworten besteht

⚄
Andere gezielt ansprechen
Begriffe „groß“ und „klein“ erleben und darstellen
Bewegungsabläufe erinnern und verbalisieren
Dialogfähigkeit erweitern
Einen Sprechrhythmus, eine Satzmelodie nachahmen
Festgelegte Dialoge nachsprechen
Gegensatz von „Ich“ und „Du“ verstehen
Genau zuhören, was der Mitspieler sagt
Geschehenes verbalisieren
Geschichten miteinander entwickeln
Handlungen erinnern, nachmachen und versprachlichen
In Reimen sprechen
Pantomimische Darstellung vertiefen
Sprache und Körpersprache aufeinander beziehen

Themenbereiche: Zuordnung der Aktivitäten

Ernährung	
Hilfe, der Kühlschrank ist leer!	60
Komm, lernen wir ein Brot zu backen!	73
Mein Lieblingsgericht	65
Schlaraffenland	147
Was ist eigentlich gesunde Ernährung?	125
Wir bereiten ein gesundes Frühstück vor	136
Wir essen zusammen zu Mittag	111

Familie	
Bürstentheater	169
Ich bekomme ein Geschwisterchen	75
Meine Familie und ich	104
Unterschiedliche Familienstrukturen	78
Wer ist der Größte?	141

Farben	
Die kleine Hexe Kunterbunt	86
Farben sammeln	66
Grün sind alle meine Kleider	43
Ich hole mir einen Schatz	84
Mein Pullover ist rot	121

Feste und Feiern	
Sternenhimmel	83
Und wer im Januar Geburtstag hat	57
Wir decken den Geburtstagstisch ein	123

Formen	
Bauen mit Systemsteinen	118
Der Formentanz	87
Rate, welche Form ich male!	113
Spaziergang durch den Kindergarten	139

Freies Thema	
Alle Kinder lernen lesen	54
Benehmen ist keine Glückssache	81
Ein langer Tag	149
Der Pirat Zehnauge	101
Fotoapparat	158
Früher war alles anders, oder?	70
Fünf Männlein sind in den Wald gegangen	35
Gelenkpuppe	175
Geschichten	165
Gummibär	44
Handschuhpuppen	144
Ich bin ein ...	157
Ich freue mich auf die Schule	82
Indianer und Siedler	77
Jetzt steigt Hampelmann	34
Komm rein, Rosalie!	156
König und Diener	166
Königin und Dienerin	155
Missgeschicke	80
Morgens früh um sechs	33
Quatschlied	47
Retter	173
Schiffbrüchige	163
Sitzt ein Wurm auf dem Turm	30
Spaziergang mit einem Freund	161
Standbilder	143
Tastgegenstände	162
Von Rittern und Burgen	71
Was ist passiert?	168
Was machst du?	171
Wäscheleine	145
Zwerg und Riese	176

Themenbereiche: Zuordnung der Aktivitäten

Gesundheit	
Hände waschen	28
Ich habe Schnupfen	120
Zähneputzen nicht vergessen	114

Helfer im Alltag	
Aufgaben übernehmen	140
Die gestohlenen Spielsachen	91
Fred, der Feuerwehrmann	96
Gemeinsames Aufräumen	130
Mein Kindergartentag	58

Ich bin ich	
Angst haben und mutig sein	62
Das große Schimpfgedicht	50
Der fliegende Teppich macht glücklich	102
Die Finger meiner Hand	31
Du-Kreis	174
Fips, der Mondgeist	98
Fliegen fangen	131
Ich bin ich und wer bist du?	94
Ich ziehe mich an	115
Interview im Kinderkanal	105
Jungen und Mädchen	72
Konradus Knipperdottel	52
Marionette	164
Schubidua-Tanz	56
Stimmungen würfeln	194
Stupsfangen	146
Wenn ich groß bin	153
Wenn zwei sich streiten	63
Wie geht es eigentlich Behinderten?	79
Zappellied	49

Jahreszeiten	
Der Jahreszeitenteppich	132
Die Jahresuhr	53
Herbstblätter	116
Wir wandern durch den Winterwald	32

Lernen mit Tieren	
Ach, du kleine Schnecke	29
Auf dem Bauernhof	74
Das Äffchen	160
Der Katzentatzentanz	46
Die Zauberwürfel	88
Doktor Doolittle	170
Ein Besuch im Zoo	108
Erst kommt der Sonnenkäferpapa	37
Imse Wimse Spinne	41
Manege frei!	148
Tiere auf dem Bauernhof	127
Tiere wünschen	152
Ups, ich bin ein Hase!	126
Zootiere	142

Themenbereiche: Zuordnung der Aktivitäten

Natur	
Blumen pflanzen und pflegen	68
Der Baum	38
Der Purzelbaumgarten	100
Die schnelle Fliege Lotta	90
Fünf Bäume	36
Gärtner und Lehrling	150
Im Garten ist ein Vogelnest	89
In Feld und Wald	69
Kräuter riechen und schmecken	128
Was kreucht und fleucht in unserem Garten?	124
Wir kümmern uns um den Garten	135

Reise und Verkehr	
Aufgepasst im Straßenverkehr!	76
Die Tante aus Marokko	55
Fliegender Teppich	159
Formel 1 im Kindergarten	107
Ich bin Busfahrer	95
Urlaubserlebnisse	93
Wenn einer eine Reise tut ...	122
Wie verhalte ich mich im Straßenverkehr richtig?	137

Spielen	
Auf und unter dem Klettergerüst	134
Das Nachtgespenst	103
Die Hexe Pulli	99
Flohmarkt	151
Indianerhäuptling „Bunte Feder“	106

Wasser	
Das Nassgedicht	40
Meer und mehr	59
Das Krokodil und der Tiefseeschatz	110
Experimentieren am Wasserspielplatz	117
Wasser messen	138
Wassergeschichten	67

Wetter	
Der Wetterkönig	109
Es ist heiß!	119
Regenschirme	39
Sommer-Jan und Regen-Jan	172
Spiele im Regen	112
Unser Wetter	64

Wohnen	
Der ängstliche Wecker	92
Eine Reise durch den Kindergarten	133
Fleißige Handwerker	45
Hallo, du im Nachbarhaus	42
Hausspruch	48
Hier wohne ich, wo wohnst du?	129
Teller, Tassen, Töpfe – uns rauchen gleich die Köpfe	85
Von der Baustelle zum Haus	61

10–15 | 10 | •

Hände waschen

Lernerfahrungen
- Sprechfreude wecken.
- Phonologische Bewusstheit entwickeln.
- Benennen und Zuordnen der Nomen „Hand“, „Hände“, „Handtuch“.

- Handtuch
- Flüssigseife
- Lied: *Bächli, Gerda: Hände waschen*

Durchführung
Sitzkreis
- Zeigen Sie den Kindern im Stuhlkreis das mitgebrachte Handtuch und die Seife.
- Lassen Sie die Kinder das Handtuch und die Flüssigseife benennen und fragen Sie die Kinder, wozu die Gegenstände gebraucht werden.
- Führen Sie mit den Kindern ein Gespräch über die Verwendung eines Handtuchs und der Seife.
- Anschließend erzählen Sie den Kindern, dass Sie ein Lied über das Waschen kennen und singen Sie ihnen dieses vor.

Händewaschen

- Fordern Sie die Kinder auf, das Lied *Hände waschen* mitzusingen. Bei der Wiederholung zeigen Sie den Kindern die entsprechenden Bewegungen:
  Hände waschen → *Hände ineinanderreiben,*
  kein Handtuch → *die Hände ausbreiten,*
  Schütteln → *Schütteln der Hände.*

Vertiefung
- Lassen Sie die Kinder im Waschraum während des Singens die Hände waschen.
- Es werden weitere Strophen des Liedes eingeführt. Andere Körperteile werden nun gewaschen. Überlegen Sie mit den Kindern, wie man dies als Bewegung darstellen kann und setzen Sie diese gemeinsam während des Singens um.

Ach, du kleine Schnecke

10 | 4–6 | •

Lernerfahrungen
- Phonologische Bewusstheit entwickeln.
- Verben anwenden.

Vorbereitung
- Legen Sie das leere Schneckenhaus in das Säckchen.

- Tisch mit Stühlen
- Fingerspiel von *Cratzius, Barbara.* Aus: *Dies., Noch mehr Fingerspiele und andere Kinkerlitzchen (Rowohlt)*
- Säckchen mit einem leeren Schneckenhaus

Durchführung
- Setzen Sie sich mit den Kindern an einen Tisch.
- Zeigen Sie den Kindern das Säckchen, in dem sich das Schneckenhaus befindet.
- Lassen Sie die Kinder ertasten, welcher Gegenstand sich im Säckchen befindet.
- Haben die Kinder den Gegenstand Schneckenhaus ertastet, sprechen Sie ihnen den Text des Fingerspiels vor und zeigen Sie dabei die entsprechenden Hand- und Fingerbewegungen wie folgt:

Ach, du liebe kleine Schnecke
kriechst ganz langsam durch die Hecke.
Die linke Hand kriecht mit ausgestreckten Fingern langsam über die Tischplatte.
Und nun bleibst du steh'n,
dass wir deine Fühler sehn.
Die Hand hält an, Zeigefinger und Mittelfinger bewegen sich hin und her.
Darf ich die Fühler leis' berühren,
so zart, das wirst du gar nicht spüren?
Nun berührt der Zeigefinger der rechten Hand vorsichtig die „Fühler".
Doch du ziehst sie ganz schnell ein,
kriechst ins Schneckenhaus hinein.
Da zieht sich die linke Hand ganz schnell zur Faust zusammen.

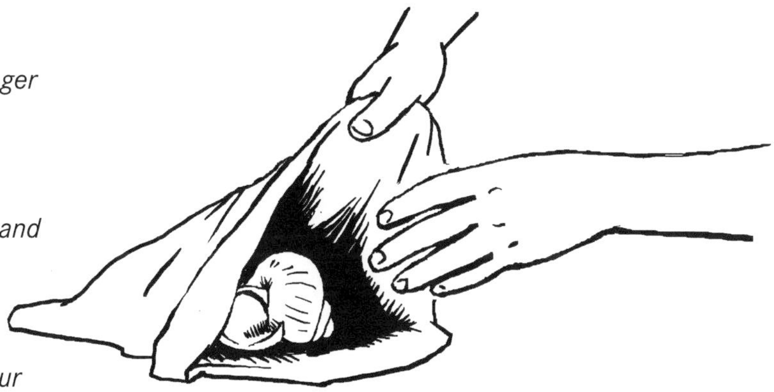

- Anschließend fordern Sie die Kinder auf, mit Ihnen den Text gemeinsam zu sprechen.
- Führen Sie nun ein Gespräch mit den Kindern darüber, ob sie schon einmal eine Schnecke gesehen haben.
- Zum Abschluss wiederholen Sie gemeinsam mit den Kindern den Text mit den entsprechenden Handbewegungen.

Vertiefung
- Wiederholen Sie das Fingerspiel an den darauffolgenden Tagen im Stuhlkreis.
- Suchen Sie im Außengelände nach Schnecken und schauen Sie diese an. Sprechen Sie mit den Kindern auch über den Nutzen von Schnecken.

Freies Thema

10 | 10–15 | •

Sitzt ein Wurm auf dem Turm

- Gedicht: *Sitzt ein Wurm auf dem Turm*, mündlich überliefert, aus: *Barff, Ursula*: *Lauter tolle Sachen, die Kinder gerne machen (Bassermann)*
- Stühle entsprechend der Anzahl der Teilnehmer

Lernerfahrungen

- Phonologische Bewusstheit entwickeln.

Vorbereitung

- Text des Gedichtes erlernen.

Sitzt ein Wurm
Auf dem Turm
Mit 'nem Schirm
Unterm Arm.
Kommt ein Sturm
Bläst den Wurm
Mit dem Schirm
Unterm Arm
– vom Turm.

Durchführung

- Sprechen Sie das Gedicht den Kindern vor. Wiederholen Sie gemeinsam mit den Kindern das Gedicht.

Vertiefung

- Wiederholen Sie mit den Kindern das Gedicht während der folgenden Tage.
- Sprechen Sie mit den Kindern über den Nutzen von Würmern im Garten.

Variationen zum Angebot

- Verändern Sie die Vokale der Hauptwörter; zum Beipiel: aus *Wurm* wird *Wirm* usw.

Die Finger meiner Hand

10 | 8–12

Lernerfahrungen

- Sprechfreude wecken.
- Den Wortschatz zum Thema „Hand“ entwickeln.

Durchführung

- Zuerst singen Sie den Kindern mit den entsprechenden Bewegungen das Lied vor.

Alle meine Finger haben Namen

2. *Mein Zeigefinger, mein Zeigefinger, der zeigt auf dies und das,*
   denn zeigen mit dem Zeigefinger, das macht mir großen Spaß.
   Refrain: Alle meine Finger ...
3. *Mein Mittelfinger, mein Mittelfinger, der steht allein sehr krumm,*
   drum halte ich ihn fest, denn sonst fällt er um.
   Refrain: Alle meine Finger ...
4. *Mein Ringfinger, mein Ringfinger, der steht auch sehr gebückt,*
   er ist gut zu erkennen, weil oft ein Ring ihn schmückt.
   Refrain: Alle meine Finger ...
5. *Mein kleiner Finger ist wohl der kleinste an der Hand,*
   er wird auch nicht viel größer, und das ist bekannt.
   Refrain: Alle meine Finger ...

- Fordern Sie die Kinder auf, das Lied mitzusingen und die Bewegungen mitzumachen. Wiederholen Sie das Lied mehrere Male.

Vertiefung

- Wiederholen Sie das Lied an den darauffolgenden Tagen. Lassen Sie dabei von den Kindern im Anschluss die einzelnen Finger benennen.
- Malen Sie Gesichter auf die einzelnen Finger und entwickeln Sie mit den Kindern entsprechend dem Text und den „Charakteren“ der Finger eine kleine Geschichte.

- Lied: *Schmitz, Monika: Alle meine Finger haben Namen*, aus: *Vorholt, Christine: Bausteine Kindergarten. Sammelband 7 (Bergmoser und Höller)*
- Stühle entsprechend der Anzahl der Kinder

Wir wandern durch den Winterwald

- Lied: *Wir wandern durch den Winterwald,* aus: *Vorholt, Christine: Bausteine Kindergarten. Sammelband 1 (Bergmoser und Höller)*
- Stühle entsprechend der Anzahl der Kinder
- verschiedene Kleidungsstücke

Lernerfahrungen

- Den Wortschatz zum Thema „Winterkleidung“ entwickeln.

Vorbereitung

- Legen Sie verschiedene Kleidungsstücke in die Mitte des Stuhlkreises.

Durchführung

- Sprechen Sie zu Beginn mit den Kindern über die unterschiedlichen Kleidungsstücke. Erarbeiten Sie mit ihnen, zu welcher Jahreszeit man welche Kleidungsstücke trägt, und lassen Sie die Kinder die Kleidungsstücke benennen.
- Singen Sie nun das oben genannte Lied vor und fordern Sie die Kinder auf, es mit Ihnen zu singen.

Wir wandern durch den Winterwald

- Wiederholen Sie das Lied *Wir wandern durch den Winterwald* anschließend mit den Kindern.

Vertiefung

- Bei diesem Lied bietet es sich an, weitere Strophen gemeinsam mit den Kindern zu erfinden.
- Sprechen Sie in diesem Zusammenhang mit den Kindern über Reim und Rhythmus.

Variationen zum Angebot

- Singen Sie mit den Kindern das Lied, wenn sie sich anziehen, um nach draußen zu gehen.

Morgens früh um sechs

10 | 8–12

Lernerfahrungen

- Phonologische Bewusstheit entwickeln.
- Chronologische Abläufe erkennen.

Durchführung

- Stellen Sie den Kindern das Bilderbuch vor und sprechen Sie zu den einzelnen Bildern den dazugehörigen Text.
- Fordern Sie die Kinder auf, zu erzählen, was sie alles auf den Bildern entdecken und sehen können. Geben Sie den Kindern die Möglichkeit, im Buch zu zeigen, worüber sie erzählen. Erklären Sie Begriffe wie zum Beispiel *feuert an.*

Morgens früh um sechs kommt die kleine Hex.
Morgens früh um sieben schabt sie gelbe Rüben.
Morgens früh um acht wird Kaffee gemacht.
Morgens früh um neun geht sie in die Scheun.
Morgens früh um zehn holt sie Holz und Spän.
Feuert an um elf, kocht dann bis um zwölf
Fröschebein und Krebs und Fisch:
„Hurtig, Kinder, kommt zu Tisch!"

- Reim: *Morgens früh um sechs*, z. B. aus: *Droop, Constanza: Meine ersten Kinderreime (Ravensburger)*
- Bilder aus dem Bilderbuch
- Stühle entsprechend der Anzahl der Teilnehmer

Vertiefung

- Wiederholen Sie den Reim an den darauffolgenden Tagen.
- Lernen Sie den Text mit den Kindern auswendig.

Variationen zum Angebot

- Spielen Sie mit den Kindern mit Requisiten wie zum Beispiel *Kochtopf, Kanne, Reisig* usw. den Inhalt des Reimspiels nach.
- Stellen Sie während des Sprechens mit den Kindern die Situationen pantomimisch dar.

Freies Thema

10 · 12

Jetzt steigt Hampelmann

- Lied: *Jetzt steigt Hampelmann*
- Stühle in passender Anzahl

Lernerfahrungen

- Sprechfreude wecken.
- Verben, die genaue Handlungen benennen, erlernen.

Durchführung

- Singen Sie das Lied vor.

Jetzt steigt Hampelmann

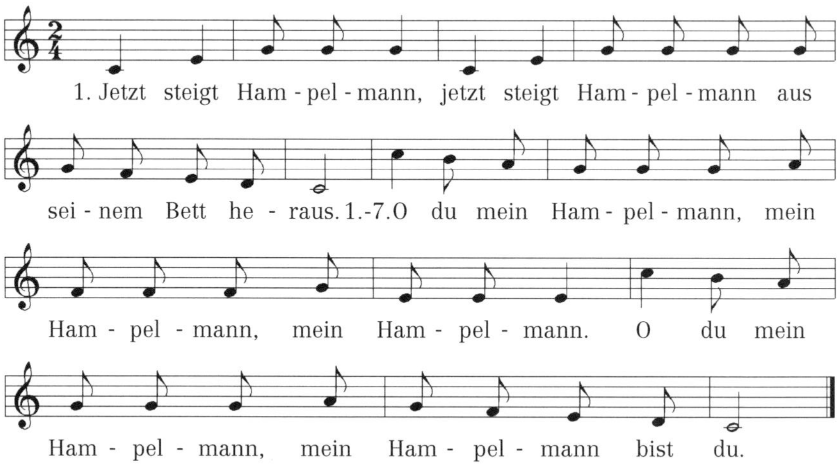

2. Jetzt zieht Hampelmann sich seine Strümpfe an.
3. Jetzt zieht Hampelmann sich seine Hose an.
4. Jetzt zieht Hampelmann sich seine Jacke an.
5. Jetzt setzt Hampelmann sich seine Kappe auf.
6. Jetzt geht Hampelmann mit seiner Frau spazieren.
7. Jetzt tanzt Hampelmann mit seiner lieben Frau.

- Singen Sie das Lied *Jetzt steigt Hampelmann* gemeinsam mit den Kindern. Führen Sie die im Liedtext angesprochenen Bewegungen aus.

Vertiefung

- Wiederholen Sie das Lied *Jetzt steigt Hampelmann* an den folgenden Tagen.

Variationen zum Angebot

- Bitten Sie die Kinder, die Strophen zunächst pantomimisch darzustellen. Singen Sie diese anschließend gemeinsam.
- Überlegen Sie gemeinsam mit den Kindern, welche Kleidungsstücke Hampelmann außerdem noch anziehen könnte.

10 12–16

Fünf Männlein sind in den Wald gegangen

Reim: *Fünf Männlein sind in den Wald gegangen,* aus: *Probst, Petra: Das ist der Daumen (Pestalozzi)*

Lernerfahrungen

- Phonologische Bewusstheit entwickeln.
- Begriffsbildung zu Zahlen und Mengen entwickeln.

Durchführung

- Sprechen Sie den Kindern den Text vor und führen Sie die entsprechenden Bewegungen aus:

Fünf Männlein sind in den Wald gegangen,
die wollten den Osterhasen fangen.
Die Hand mit ausgestreckten Fingern zeigen.
Das Erste, das war so dick wie ein Fass,
das brummte immer: „Wo ist der Has?"
Den Daumen zeigen und ganz tief sprechen.
Das Zweite rief: „Sieh da, sieh da,
da ist er ja, da ist er ja!"
Mit dem ausgestreckten Zeigefinger zeigen.
Das Dritte war das allerlängste,
doch leider auch das allerbängste,
das fing gleich an zu weinen:
„Ich sehe keinen! Ich sehe keinen!"
Weinerlich sprechen, den Mittelfinger zeigen.
Das Vierte sagte: „Das ist mir zu dumm.
Ich mach nicht mehr mit, ich kehr' wieder um!"
Den Ringfinger zeigen und die Hand verneinend bewegen
Das Kleinste aber, das hat's gemacht,
das hat den Hasen nach Hause gebracht!
Den kleinen Finger zeigen und „hüpfen".
Da haben alle Leute gelacht:
„Ha, ha, ha, ha, ha!"

Vertiefung

- Wiederholen Sie den Reim an den folgenden Tagen.

Ähnliche Aktivitäten

- Fünf Bäume (siehe S. 36)
- Im Garten ist ein Vogelnest (siehe S. 89)
- Indianerhäuptling „Bunte Feder" (siehe S. 106)

Fünf Bäume

- Fingerspiel: *Fünf Bäume stehen im Garten*
- im Fingerspiel genannte Obstsorten
- Obstschale oder Obstkorb

Lernerfahrungen

- Den Wortschatz zum Thema „Obst“ entwickeln.
- Zahlen und Mengen erfahren und lernen.

Vorbereitung

- Stellen Sie einen Korb oder eine Schale mit Obst bereit.

Durchführung

- Zeigen Sie den Kindern die Obstsorten und lassen Sie diese von den Kindern benennen.
- Sprechen Sie den Kindern den Text vor und machen Sie die entsprechenden Bewegungen vor.

Fünf Bäume stehen im Garten, die will ich fleißig warten,
damit sie im Herbst nach sonnigen Tagen recht viele Früchte tragen.
Die Hand mit ausgestreckten Fingern nach oben halten.
Der Baum, der kleine Daumen, trägt meist die schönsten Pflaumen.
Den Daumen zeigen.
Der Zeigefinger, Birnen süß und fein für Jungen und Mädchen klein.
Den Zeigefinger zeigen.
Der Mittlere ist der Apfelbaum.
Den Mittelfinger zeigen.
Der Vierte ist ein Kirschenbaum.
Den Ringfinger zeigen.
Und dieses kleine Fingerlein soll mein grüner Weinstock sein.
Den kleinen Finger zeigen.

- Wiederholen Sie das Fingerspiel gemeinsam mit den Kindern. Sprechen Sie mit ihnen über die im Text genannten Obstsorten, lassen Sie diese beschreiben, anfassen, riechen und essen.

Vertiefung

- Wiederholen Sie das Fingerspiel an den folgenden Tagen.
- Lassen Sie die Kinder Bilder zu den entsprechenden Obstsorten malen. Sprechen Sie in diesem Zusammenhang noch einmal über Aussehen, Geschmack, Geruch und das „Anfühlen“ der einzelnen Obstsorten.
- Stellen Sie mit den Kindern aus den im Text genannten Früchten einen Obstsalat her.

Ähnliche Aktivitäten

- Fünf Männlein sind in den Wald gegangen (siehe S. 35)
- Im Garten ist ein Vogelnest (siehe S. 89)
- Indianerhäuptling „Bunte Feder“ (siehe S. 106)

Erst kommt der Sonnenkäferpapa

10–15 8–12

Lernerfahrungen

- Phonologische Bewusstheit entwickeln.
- Den Wortschatz zum Thema „Familie“ entwickeln.

> Lied: *Erst kommt der Sonnenkäferpapa,* aus: *Vorholt, Christine: Bausteine Kindergarten. Sammelband 2 (Bergmoser und Höller)*

Durchführung

- Bevor Sie das Lied einführen, gehen Sie mit den Kindern in das Außengelände, um dort Käfer zu suchen, zu beobachten und ein erstes Gespräch mit den Kindern über die unterschiedlichen Käfer zu führen.
- Im Anschluss daran singen Sie im Stuhlkreis die erste Strophe des Liedes vor.

Erst kommt der Sonnenkäferpapa

2. Sie haben rote Röckchen an mit schönen schwarzen Köpfchen dran.
Sie krabbeln lustig Schritt für Schritt, die Käferkinder krabbeln mit.
3. Sie wollen auch zum Feste gehen, wo sie sich dann im Kreise drehen.
Sie tanzen lustig Ringelreihen, zuerst allein und dann zu zweien.

- Fordern Sie die Kinder auf, zunächst die erste Strophe mitzusingen. Führen Sie anschließend die beiden weiteren Strophen ein.
- Zum Abschluss wiederholen Sie mit den Kindern das gesamte Lied.

Vertiefung

- Wiederholen Sie das Lied *Erst kommt der Sonnenkäferpapa* an den folgenden Tagen.
- Thematisieren Sie dabei den Begriff *Familie* und sprechen Sie mit den Kindern über ihre Familien. Berücksichtigen Sie, dass die Kinder in unterschiedlichen Familienzusammenhängen leben.

Variationen zum Angebot

- Verteilen Sie die Rollen der im Lied vorgestellten Käfer auf einzelne Kinder und lassen Sie diese während des Singens in ihren Rollen agieren.

15 ≥12

Der Baum

Lernerfahrungen
- Verben angemessen gebrauchen lernen.
- Phonologische Bewusstheit entwickeln.

Fingerspiel: *Im Garten steht ein Baum*

Durchführung
- Lassen Sie die Kinder in einem Gespräch einen Baum beschreiben: *Wie sieht ein Baum aus? Was gehört zu einem Baum?*
- Sprechen Sie den Text des Fingerspiels vor und führen Sie die entsprechenden Bewegungen aus:

Im Garten steht ein Baum,
der hat viele Äste
Als Baumstamm dient der Arm. Die Baumkrone mit den Ästen bildet die Hand mit gespreizten Fingern.
Und jeden Tag hat der Baum auch viele Gäste:
Käfer krabbeln zu ihm hinauf, Vögel setzen sich oben drauf.
Bienen fliegen um ihn herum und singen immer summ, summ, summ.
Die Finger der anderen Hand spielen die Tiere, die den Baum hinaufkrabbeln usw.
Und dann kommt der Wind und schüttelt die Äste.
Husch – fort sind alle lieben Gäste!
Wenn der Wind kommt, wird kräftig geblasen, und der Arm bewegt sich hin und her.

- Wiederholen Sie das Fingerspiel gemeinsam mit den Kindern. Machen Sie sie dabei auf die vorkommenden Verben aufmerksam. Erklären Sie diese im Gespräch spielerisch, indem Sie die Verben in Bewegungen übersetzen (lassen).

Vertiefung
- Wiederholen Sie das Fingerspiel an den folgenden Tagen.

Variationen zum Angebot
- Überlegen Sie gemeinsam mit den Kindern, welche anderen Tiere den Baum ebenfalls besuchen. Klären Sie, wie sich diese Tiere bewegen. Lassen Sie die Kinder auch diese Bewegungen spielerisch nachempfinden.

Regenschirme

10 | 6–8

Gedicht: *Regenschirme,* aus: *Gelberg, Hans-Joachim (Hrsg.): Die Stadt der Kinder (Bitter)*

verschiedene Regenschirme

Lernerfahrungen

- Den Gebrauch von Adjektiven erweitern.
- Phonologische Bewusstheit erweitern.

Vorbereitung

- Halten Sie verschiedene Regenschirme bereit, zunächst für die Kinder nicht sichtbar.

Durchführung

- Zuerst fragen Sie die Kinder, ob sie ein Rätsel lösen möchten. Sind die Kinder motiviert, tragen Sie das Gedicht vor, jedoch ohne die letzte Zeile.

Regenschirme
Wenn die ersten Tropfen fallen,
lustig auf das Pflaster knallen,
blühen sie wie Blumen auf.
Bunt gestreifte, bunt gescheckte
nehmen fröhlich ihren Lauf.
Seit die ersten Tropfen fielen,
schweben sie auf dünnen Stielen,
leuchtend, schimmernd, rund und glatt.
Bunt gestreifte, bunt gefleckte,
bunt getupfte, bunt gescheckte
Schirme blühen in der Stadt.

- Fragen Sie die Kinder, wer erraten kann, um welchen Gegenstand es sich handelt. Gehen Sie dabei insbesondere auf die Adjektive ein. Lassen Sie diese beschreiben und führen Sie Kinder auf diese Weise an die Lösung heran.
- Sollten die Kinder keine Lösung finden, geben Sie folgende Hilfestellung: Fragen Sie zum Beispiel die Kinder: *Welches Wetter könnte denn in dem Gedicht angesprochen sein? Wie kann man sich vor einem solchen Wetter schützen?* Greifen Sie gegebenenfalls Fragestellungen auf, die sich entwickeln.
- Zum Abschluss holen Sie die unterschiedlichen Regenschirme und zeigen Sie den Kindern diese. Wiederholen Sie dabei gemeinsam mit den Kindern das Gedicht und lassen Sie die Kinder anschließend die Schirme beschreiben.

Vertiefung

- Wiederholen Sie den Text mit den Kindern.
- Finden Sie mit ihnen Wörter, die sich reimen.

10–15 | 8

Das Nassgedicht

Lernerfahrungen

- Den Gebrauch von Verben erweitern.
- Den Wortschatz zum Thema „Wasser“ erweitern.

Lied: *Das Nassgedicht,* aus: *Vorholt, Christine: Bausteine Kindergarten. Sammelband 5 (Bergmoser und Höller)*

Vorbereitung

- Wählen Sie einen Platz in der Nähe eines Wasserhahns.

Durchführung

- Zunächst bitten Sie die Kinder, zum Wasserhahn mitzukommen.
- Bitten Sie eines der Kinder, den Hahn kurz aufzudrehen, und nehmen Sie dies zum Anlass, mit ihnen ein Gespräch über Wasser zu führen.
- Anschließend singen Sie den Kindern das *Nassgedicht* vor und fordern Sie sie auf, es mitzusingen.

Das Nassgedicht

2. Wovon wird der Rasen nass? Wovon wachsen Bäum´ und Gras?
3. Womit kocht die Mutter Tee? Womit wascht ihr den VW?
4. Worin plätschern gern die Kleinen? Worin Große mit den Beinen?
5. Woraus ist im Meer die Welle? Woraus ist im Berg die Quelle?
Letzter Refrain:
Hört das Ende der Geschicht’: Ohne Wasser geht es nicht.

- Nutzen Sie das Lied als Gesprächsanlass, um mit den Kindern zu erarbeiten, was wir mit Wasser alles machen, wo Wasser überall gebraucht wird und wo es Wasser überall gibt.
- Zum Abschluss singen Sie mit den Kindern noch einmal das Lied.

Vertiefung

- Lassen Sie die Kinder zum Gebrauch des Wassers Bilder malen.
- Nehmen Sie das Lied zum Anlass, ein Projekt zum Thema Wasser zu initiieren.

Imse Wimse Spinne

10–15 8–12

Lernerfahrungen

- Phonologische Bewusstheit erweitern.

Vorbereitung

- Halten Sie mindestens ein Bild von einer Spinne bereit.

Durchführung

- Zuerst zeigen Sie den Kindern das Bild von der Spinne und lenken das Gespräch auf Erlebnisse, die die Kinder mit Spinnen hatten.
- Anschließend singen Sie den Kindern das Lied vor. Dabei bewegen Sie die Daumen und Zeigefinger beider Hände so gegeneinander, dass sie aufwärtsklettern, wenn die Spinne den Faden erzeugt. Bewegen Sie die Hände in gleicher Weise abwärts, wenn der Faden reißt.

Imse Wimse Spinne

Imse Wimse Spinne, wie lang dein Faden ist!
Kam der Regen runter, und der Faden riss.
Dann kam die Sonne, leckt den Regen auf –
Imse Wimse Spinne klettert wieder rauf!

- Jedes der Spinnenkinder hat ein Seil, eine Schnur oder einen Faden. Aus diesen legen sie vor Beginn des Spiels einen großen Kreis.
- Nun fordern Sie die Kinder auf, das Lied mitzusingen und die Bewegungen nachzuahmen.

Vertiefung

- Wiederholen Sie das Lied *Imse Wimse Spinne* an den folgenden Tagen.
- Sprechen Sie mit den Kindern über die Bedeutung von Spinnen im Tierreich.
- Lassen Sie die Kinder ein Spinnengewebe mit Spinne malen.
- Knoten Sie mit den Kindern Sprungseile zu einem Spinnennetz zusammen, auf das sie eine selbst gebastelte Spinne setzen können.

- Lied: *Imse, Wimse Spinne,* aus: *Jehn, M. u. W.: 28 Kinderspiele aus aller Welt (Eres Edition)*
- Bild(er) einer Spinne

15 12

Hallo, du im Nachbarhaus

Lernerfahrungen

- Gefühle äußern.
- Den Gebrauch von Verben erweitern.

Vorbereitung

- Legen Sie ein Bild eines Hauses oder mehrerer Häuser bereit.

- Lied: *Hallo, du im Nachbarhaus*, aus: *Vorholt, Christine, Neugebauer, Barbara: Bausteine Kindergarten. Sammelband 6 (Bergmoser und Höller)*
- Bild eines oder mehrerer Häuser

Durchführung

- Zeigen Sie den Kindern das Bild und führen Sie mit ihnen ein Gespräch darüber, wo sie wohnen und wer neben ihnen wohnt.

- Singen Sie den Kindern die erste Strophe des Liedes *Hallo, du im Nachbarhaus* vor und fordern Sie sie dann auf, mitzusingen. Nacheinander singen Sie die weiteren Strophen vor und wiederholen diese mit den Kindern.
- Erarbeiten Sie mit den Kindern die Bewegungen zu den Verben, die im Lied vorkommen, wie zum Beispiel *klatschen, wandern* usw. Fordern Sie die Kinder auf, während des Singens Bewegungen durchzuführen, die sie sich selbst überlegen können.

Hallo, du im Nachbarhaus

1. *Wir springen jetzt so, so*
   und werden dabei froh.
2. *Wir klatschen jetzt so, so*
   und werden dabei froh.
3. *Wir wandern jetzt so, so*
   und werden dabei froh.
4. *Wir stampfen jetzt so, so*
   und werden dabei froh.
5. *Wir federn jetzt so, so*
   und werden dabei froh.
6. *Wir kitzeln uns so, so*
   und werden dabei froh.
7. *Wir streicheln uns so, so*
   und werden dabei froh.
8. *Wir mögen uns so, so*
   und werden dabei froh

Vertiefung

- Wiederholen Sie das Lied an einem der folgenden Tage.

Grün sind alle meine Kleider

15–20 8–12

Lernerfahrungen

- Farben erkennen und zuordnen.

Durchführung

- Führen Sie mit den Kindern ein Gespräch über die Kleidung, die sie tragen. Fordern Sie die Kinder auf, die Farben ihrer Kleidungsstücke zu benennen.
- Teilen Sie den Kindern mit, dass Sie ein Lied kennen, das von Farben verschiedener Kleidungsstücke handelt. Sie singen die erste Strophe des Liedes den Kindern einmal vor und fordern sie anschließend auf, die Strophe mitzusingen. Nacheinander tragen Sie die weiteren Strophen vor und wiederholen diese mit den Kindern.
- Zum Abschluss singen alle gemeinsam das gesamte Lied.

Lied: *Grün, grün, grün sind alle meine Kleider*

Grün, grün, grün sind alle meine Kleider

Vertiefung

- Lassen Sie die Kinder sich selbst malen – unter Berücksichtigung der Farben ihrer Kleidungsstücke.

Variationen zum Angebot

- Überlegen Sie mit den Kindern gemeinsam weitere Strophen.

15 | 10–14

Gummibär

Lernerfahrungen

- Sprechfreude wecken.

Vorbereitung

- Legen Sie eine Tüte Gummibärchen bereit.

Lied: *Feils, Georg: Gummibär,* aus: *Knackfrosch. Band 2 (KJG)*

Gummibärchen

Durchführung

- Zuerst singen Sie den Kindern das Lied bis „Ach du meine Güte" (Zeile 4) einmal vor und lassen sie erraten, um welchen Bär es sich handeln könnte. Ist der Bär erraten, singen Sie den Refrain des Liedes vor. Dann fordern Sie die Kinder auf, die erste Strophe des Liedes mitzusingen.

((Anlage 9, Vorlage folgt, bitte Platz freischlagen))

- Singen Sie zunächst eine weitere Strophe vor, ermuntern Sie die Kinder, den Refrain mitzusingen, und wiederholen Sie die zweite Strophe wieder mit den Kindern gemeinsam. Auf die gleiche Weise singen alle gemeinsam die dritte und die vierte Strophe.
- Zum Abschluss singen Sie das ganze Lied gemeinsam mit den Kindern und verteilen an alle Kinder Gummibärchen aus der Tüte.

Ich kenn 'nen Bär, der hat kein Fell
und brummt nicht mal eventuell,
er lebt in einer Tüte,
ach, du meine Güte.

Refrain:
Er ist der Gummi-Gummi-Gummi-
Gummi-Gummibär,
haste einen, willste einen Gummibär.
Gummi-Gummi-Gummi-Gummi-Gummibär,
gell da guckste, ruckzuck ist die Tüte leer.

Es ist kein Brom- und auch kein Blau-,
kein Preisel-, Stachel-, Erd-, kein Sau-,
kein Heidelbär ist er,
es ist der Gummibär.
Refrain: *Gummi-Gummi-Gummi...*

Ziemlich klein und kunterbunt,
zu viel davon ist ungesund.
Nass klebt er ganz gut,
sogar auf Omas Hut.
Refrain: *Gummi-Gummi-...*

Und wer zu viel davon verzehrt,
für den hat's aus gummi-ge-bärt.
Ach du lieber Schwan,
dem bohrt man dann den Zahn.
Wegen dem
Refrain: *Gummi-Gummi-...*

Gummibärenlied

Vertiefung

- Wiederholen Sie das Lied an den darauffolgenden Tagen.

Fleißige Handwerker

20 | 3–4

Lernerfahrungen

- Den Wortschatz zum Thema *Handwerk* erweitern.
- Phonologische Bewusstheit erweitern.

Vorbereitung

- Legen Sie die angegebenen Materialien auf den Tisch und decken Sie sie mit einem Tuch ab.

Durchführung

- Zu Beginn erklären Sie den Kindern, dass Sie etwas mitgebracht haben, das unter dem Tuch versteckt ist und mit Handwerksberufen zu tun hat. Bevor Sie die Gegenstände aufdecken, fordern Sie die Kinder auf, Handwerkzeuge zu benennen und zu erklären, wozu sie benötigt werden.
- Decken Sie nun das Tuch auf und lassen Sie die Kinder aufzählen, welche Gegenstände sich unter dem Tuch befinden. Geben Sie Hilfestellungen, wenn die Kinder einzelne Gegenstände nicht zuordnen können. Im Anschluss daran sprechen Sie mit den Kindern über die verschiedenen Handwerksberufe.
- Teilen Sie den Kindern mit, dass Sie ein Lied kennen, das von Handwerkern erzählt.

- Lied: *Wer will fleißige Handwerker seh'n?*
- Ziegelstein
- Wäscheteil
- Hobel
- Dachziegel
- Faden und Nadel
- Rührschüssel
- Schloss und Schlüssel
- Putzlappen oder andere Materialien

Wer will fleißige Handwerker sehn?

- Sprechen Sie den Text mit den dazugehörigen Bewegungen bis zur ersten Hälfte der ersten Strophe vor. Dann fordern Sie die Kinder auf, den Text nachzusprechen und die Bewegungen mitzumachen. Teilen Sie die unterschiedlichen Handwerksberufe auf die Kinder auf und lassen diese bei der Wiederholung des Liedtextes die Bewegungen ausführen.
- Tragen Sie die zweite Hälfte der Strophe mit den dazugehörigen Bewegungen vor.
- Zum Abschluss wird das komplette Lied gemeinsam mit den Kindern gesungen und gespielt.

15–20 10–14

Der Katzentatzentanz

Lernerfahrungen

- Den Gebrauch von Adjektiven erweitern.
- Sprechfreude wecken.

- Lied: *Der Katzentatzentanz,* aus: *Vahle, Fredrick: Das große Vahle-Liederbuch (Beltz)*
- *Mäusepfiff und Himmelsblau (Middelhauve)*
- Stühle entsprechend der Anzahl der Teilnehmer

Durchführung

- Sprechen Sie mit den Kindern über die Tiere, die im Lied *Katzentatzentanz* vorkommen und bitten Sie sie zu beschreiben, wie die Tiere aussehen und sich bewegen.
- Singen Sie den Kindern die erste Strophe des Liedes vor und wiederholen Sie die Strophe gemeinsam mit den Kindern. Singen Sie nun eine weitere Strophe und lassen die Kinder den Refrain mitsingen. Auf die gleiche Weise singen Sie nun die weiteren Strophen. Zum Abschluss singen Sie gemeinsam mit den Kindern das Lied noch einmal.

Der Katzentatzentanz

Freies Thema

Quatschlied

10 · 12–16

Lernerfahrungen

- Phonologische Bewusstheit erweitern.
- Fantasiewörter bilden.

Durchführung

- Fordern Sie die Kinder auf, sich auf dem Boden im Kreis auf die Unterschenkel zu setzen.

Lied: *Quatschlied*

Quatschlied

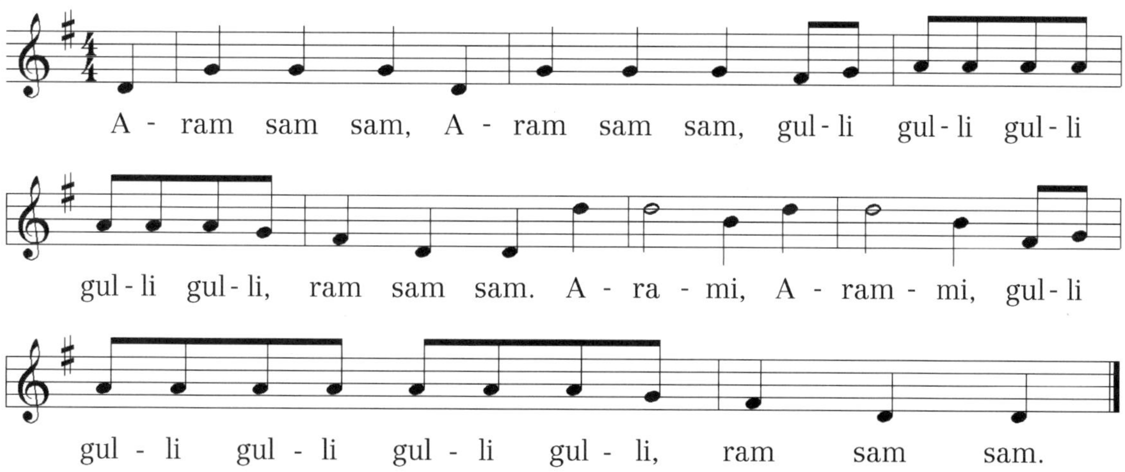

Aram sam sam, Aram sam sam,
rhythmisch im Wechsel auf die Oberschenkel und in die Hände klatschen
gulli gulli gulli gulli
Handflächen umeinanderdrehen
ram sam sam.
im Wechsel auf die Oberschenkel und in die Hände klatschen
Arami, Arami,
Arme vor der Brust verkreuzen und zweimal verbeugen
gulli gulli gulli gulli
Hände wieder drehen
ram sam sam
in die Hände klatschen

- Singen Sie das Quatschlied mit den dazugehörigen Bewegungen vor. Bitten Sie die Kinder mitzusingen und zu spielen. Um das Quatschlied abwechslungsreich zu gestalten, singen und spielen Sie die Wiederholungen immer schneller.

Variationen zum Angebot

- Nachdem die Kinder die Abfolge beherrschen, kann das Spiel schnell, langsam, leise, laut oder auch lautlos gespielt werden.

20 | 6–8

Haussspruch

- Text: Hausspruch: *Ruck-Pauquet, Gina,* aus: *Vorholt, Christine: Bausteine Kindergarten. Sammelband 6 (Bergmoser und Höller)*
- fester Karton
- Plakat mit Wohnhaus
- Spiel: *Hier wohne ich* von *Ravensburger*
- Hammer und Nagel

Lernerfahrungen

- Den Wortschatz zu den Themen „Haus“ und „Wohnen“ erweitern und vertiefen.

Vorbereitung

- Zeichnen Sie ein Plakat mit einem Haus.
- Zeichnen Sie einen Hausspruch auf einem festen Karton.
- Legen Sie Hammer und Nagel bereit.

Durchführung

- Zunächst betrachten Sie mit den Kindern das Plakat mit dem Haus und führen mit ihnen ein Gespräch darüber. Zeigen Sie ihnen anschließend die Spielkarten des Spiels „Hier wohne ich“ und lassen Sie sie berichten, wie sie wohnen. Im Gespräch erarbeiten Sie mit den Kindern Begriffe zum Oberbegriff „Haus“.
- Erklären Sie den Kindern, dass es in manchen Häusern einen Hausspruch an der Tür gibt. Zeigen Sie ihnen den vorbereiteten „Hausspruch“ und tragen Sie ihn den Kindern vor. Wiederholen Sie mit den Kindern den Text des Hausspruchs.

Hausspruch

In meinem Haus
da wohne ich,
da schlafe ich,
da esse ich.
Und wenn du willst
dann öffne ich
die Tür
und lass dich ein.

In meinem Haus
da lache ich,
da weine ich,
da träume ich.
Und wenn ich will
dann schließe ich
die Tür
und bin allein.

- Zum Abschluss wählen Sie mit ihnen einen Platz für den Hausspruch aus und hängen diesen gemeinsam auf.

Vertiefung

- Wiederholen Sie die Aktivität während der folgenden Tage.
- Malen Sie mit den Kindern ein Bild zum Hausspruch.

Variationen zum Angebot

- Überlegen Sie gemeinsam mit den Kindern einen eigenen Hausspruch für die Tageseinrichtung und stellen Sie mit ihnen ein dazu passendes Bild her.

Zappellied

15–20 | 6–8

Lernerfahrungen

- Präpositionen anwenden und vertiefen.
- Den Wortschatz zu den Raumbegriffen erweitern und vertiefen.
- Körperteile zuordnen und benennen.

Durchführung

- Singen Sie den Kindern das Lied vor und machen Sie dazu gemeinsam mit ihnen die Bewegungen, die in den Strophen genannt werden.

Lied: *Kleikamp, Lore: Das Zappellied, Musik: Detlev Jöcker (Menschenkinder)*

Das Zappellied

2. Ich stell mich hinter meinen Stuhl,
trali trala tralin.
Ich stell mich hinter meinen Stuhl
und setz' mich wieder hin.
Nun zappel ich ...

3. Ich hocke mich vor meinen Stuhl,
trali trala tralin.
Ich hocke mich vor meinen Stuhl
und setz' mich wieder hin.
Nun zappel ich ...

4. Ich setz mich neben meinen Stuhl,
trali trala tralin.
Ich setz' mich neben meinen Stuhl
und setz mich wieder hin.
Nun zappel ich ...

5. Ich lege mich auf meinen Stuhl
trali trala tralin.
Ich lege mich auf meinen Stuhl
und setz' mich wieder hin.
Nun zappel ich ...

Variationen zum Angebot

- Finden Sie gemeinsam mit den Kindern noch andere Möglichkeiten, *auf, unter, neben* dem Stuhl zu stehen oder zu sitzen.

Ähnliche Aktivitäten

- Der ängstliche Wecker (siehe S. 92)
- Urlaubserlebnisse (siehe S. 93)
- Fred, der Feuerwehrmann (siehe S. 96)
- Das Nachtgespenst (siehe S. 103)

Das große Schimpfgedicht

- Text: *Bodden, Ilona: Das große Schimpfgedicht,* aus: *Merz, Christine/Döring, H.-G.: Und wieder kräht der Wetterhahn (Herder)*
- Mimikwürfel (Kopiervorlage S. 51)
- 6 Fotos von Kindern, die unterschiedliche Gefühle zeigen

Lernerfahrungen

- Gefühle äußern.
- Sprechfreude erweitern und vertiefen.

Vorbereitung

- Vergrößern Sie die Kopiervorlage „Würfel", bekleben Sie sie mit den Fotos der Kinder und schneiden Sie den Würfel aus. Kleben Sie ihn anschließend zusammen.

Durchführung

- Erzählen Sie den Kindern, dass Sie ein schönes Gedicht kennen und tragen Sie es ihnen vor. Fordern Sie die Kinder auf, zu überlegen, wie das Gedicht denn heißen könnte. Erfragen Sie im Gespräch mit den Kindern, worum es in dem Gedicht geht. Sind mehrere Lösungen gefunden worden, nennen Sie den Kindern den Titel des Gedichtes.

Das große Schimpfgedicht

Ach, wie bin ich heute wütend,
böse bin ich, wild und toll,
schimpfen will ich, dass die Türe
und die Decke wackeln soll.
Schafskopf, Ochse, Esel, Schwein,
Rindvieh, Trottel, Knickebein

Morgens ließ mich in der Klasse
Unser Lehrer nicht in Ruh –
Oh, wie ich das Rechnen hasse
Und das Schreiben noch dazu.
Sabbelheini, Hundedreck,
Vogelscheuche, Kinderschreck!

Ich verlor die neue Mütze,
ich verstauchte mir das Bein,
und mein Ball flog in die Pfütze,
Pfui, das finde ich gemein!
Blödmann, Prahlhans, Riesengroß,
Tollpatsch, Trampel, Trauerkloß!

Gleich darauf beim Mittagessen
(wieder bloß Spinat mit Ei)
„Händewaschen nicht vergessen!",
gab's ein großes Zorngeschrei.
Suppenkaspar, Dämelack,
langer Lulatsch, Affen-Frack!

Nachmittags beim Fußballspielen
ging der Ball ins eigne Tor -
die Indianerpfeile fielen
allesamt ins Abflussrohr.
Hampelmann und Bleichgesicht,
altes Mondkalb, dummer Wicht!

Abends dann der Eierkuchen
und die Würstchen schmecken fein –
heiser und erschöpft vom Fluchen
geh ich meinen Teddy suchen
und will wieder artig sein.
Zähneputzen, Seifenschaum,
Nachthemd, Deckbett, tiefer Traum ...

Ilona Bodden

Vertiefung

- Wiederholen Sie die Aktivität an den folgenden Tagen.
- Erfinden Sie mit den Kindern neue akzeptable „Schimpfwörter".

Variationen zum Angebot

- Spielen Sie mit dem Mimikwürfel. Jedes Kind würfelt und erzählt, welches Gefühl das Gesicht auf dem Mimikwürfel ausdrückt. Die Kinder nennen Beispiele, in welchen Situationen die auf dem Würfel ausgedrückten Stimmungen ausgelöst werden könnten.

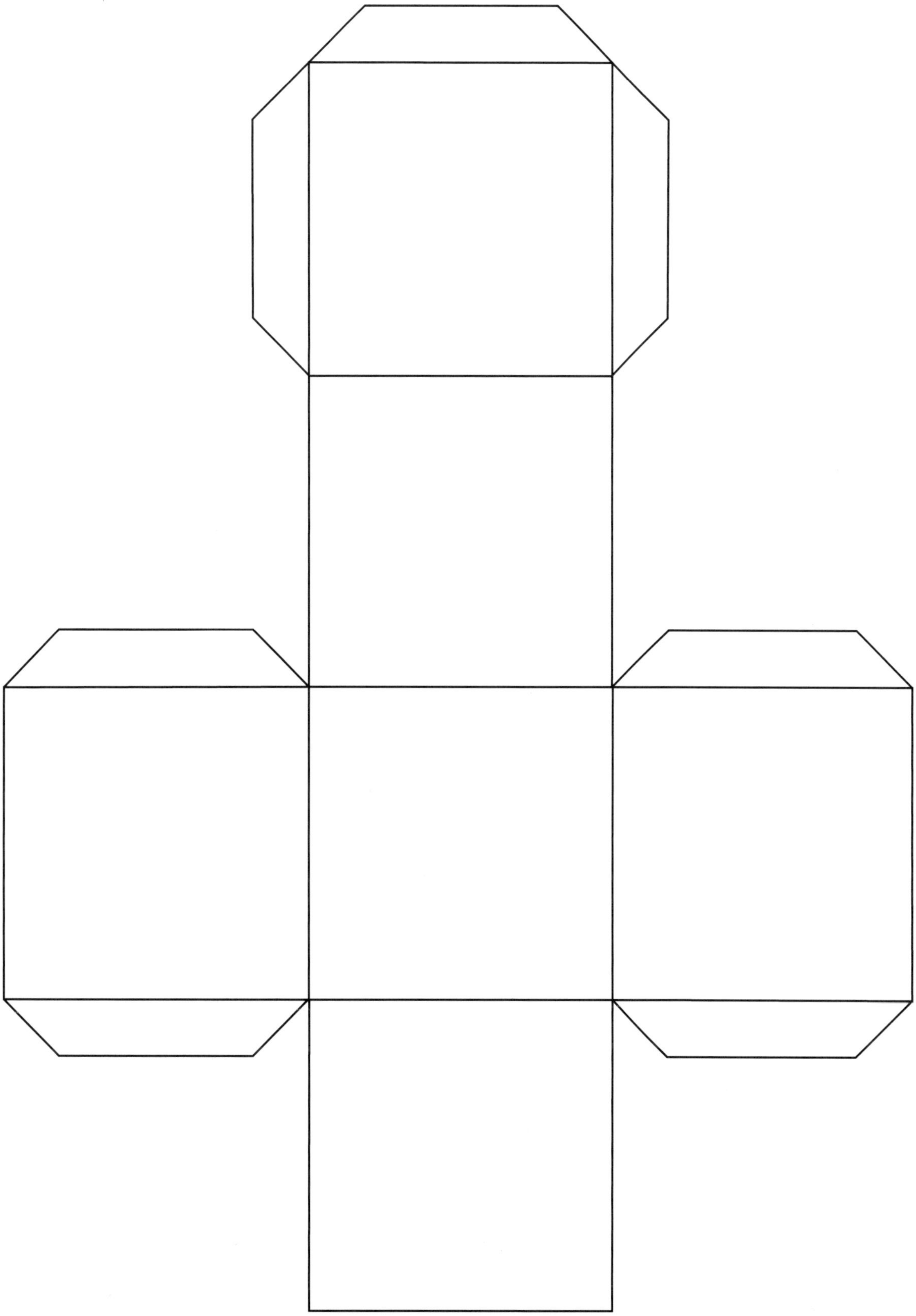

Fotokopieren Sie den Würfel auf dünnen Karton oder festes Papier. Fotos aufkleben.
Laminieren Sie die Vorlage, schneiden Sie sie aus und kleben Sie sie zusammen.

Konradus Knipperdottel

Lernerfahrungen

- Den Gebrauch von Verben erweitern und vertiefen.
- Den Wortschatz zum Thema „Körper“ erweitern und vertiefen.

Lied: *Kleikamp, Lore: Konradus Knipperdottel, Musik: Detlev Jöcker (Menschenkinder)*

Durchführung

- Singen Sie das Lied vor und vollführen Sie gemeinsam mit den Kindern die in den Strophen genannten Bewegungen.

Konradus Knipperdottel

2. Er nickt mit seinem Kopf.
Er schüttelt seine Schultern.
Refrain: Konradus Knitterdottel …
3. Er nickt mit dem Kopf.
Er schüttelt die Schultern.
Er winkt mit der Hand.
Refrain: Konradus Knipperdottel …
4. Er nickt mit dem Kopf.
Er schüttelt die Schultern.
Er winkt mit der Hand.
Er wackelt mit dem Po.
Refrain: Konradus Knitterdottel …
5. Er nickt mit dem Kopf.
Er schüttelt seine Schultern.
Er winkt mit der Hand.
Er wackelt mit dem Po.
Er strampelt mit den Beinen.
Refrain: Konradus Knitterdottel …
6. Er nickt mit dem Kopf.
Er schüttelt seine Schultern.
Er winkt mit der Hand.
Er wackelt mit dem Po.
Er strampelt mit den Beinen.
Er dreht sich herum.
Refrain: Konradus Knitterdottel …
7. Er nickt mit dem Kopf.
Er schüttelt seine Schultern.
Er winkt mit der Hand.
Er wackelt mit dem Po.
Er strampelt mit den Beinen.
Er dreht sich herum.
Er fällt langsam um.

Vertiefung

- Wiederholen Sie die Aktivität an den folgenden Tagen.

Variationen zum Angebot

- Singen Sie das Lied und bitten Sie die Kinder, an den entsprechenden Stellen nur die Bewegungen auszuführen.

Die Jahresuhr

15–20 | 12–16

Lernerfahrungen

- Den Wortschatz zum Thema „Jahr“ erweitern und vertiefen.
- Zeitbegriffe entwickeln.

Vorbereitung

- Legen Sie ein Jahreszeitenpuzzle in die Mitte des Stuhlkreises.

Durchführung

- Zu Beginn betrachten Sie mit den Kindern das Puzzlebild und lassen diese entdecken und beschreiben, was sie sehen. Erarbeiten Sie im Gespräch die unterschiedlichen Jahreszeiten und die entsprechenden Monate.
- Singen Sie den Kindern das Lied der Jahresuhr vor, und fordern Sie sie anschließend auf, dieses Lied mitzusingen. Lassen Sie die Kinder die einzelnen Monate in der richtigen Reihenfolge aufzählen. Danach wiederholen Sie mehrmals mit ihnen das Lied und werden während des Singens nach einem vereinbarten Handzeichen immer leiser.

Vertiefung

- Wiederholen Sie das Lied an den folgenden Tagen. Dabei übernimmt ein Kind die Dirigentenrolle und steuert die Lautstärke über ein Handzeichen.

- Lied: *Zuckowski, Rolf: Die Jahresuhr – Musik für dich,* aus: *Erkert, Andrea, Lindner, Heidi: Rolf Zuckowski und seine Lieder. Feste feiern und gestalten rund um die Jahresuhr (Ökotopia)*
- Jahreszeitenpuzzle, Kalender o. Ä.

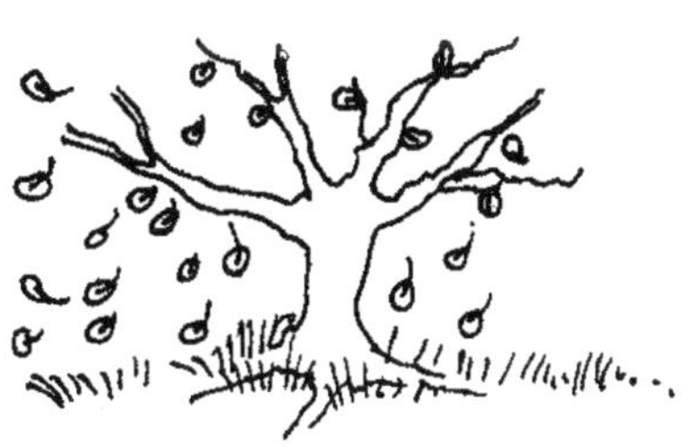

Freies Thema

25–30

12–16

Alle Kinder lernen lesen

Lernerfahrungen

- Phonologische Bewusstheit erweitern und vertiefen.

Vorbereitung

- Bereiten Sie Buchstaben aus Sandpapier vor, indem Sie sie aufmalen und ausschneiden.
- Legen Sie Sandpapierbuchstaben in die Stuhlkreismitte.

- Lied: *Topsch, Wilhelm (dt. Text): Alle Kinder lernen lesen zur Melodie von Glory Halleluja,* aus: *Dapper, Beate (Hrsg.): Kinderlieder Spielplatz (Bund)*
- Sandpapierbuchstaben

Durchführung

- Lassen Sie die Kinder erkennen und benennen, was in der Mitte des Stuhlkreises liegt. Fragen Sie sie, ob ihnen schon Buchstaben bekannt sind und wenn ja, wie diese denn lauten.
- Führen Sie ein Gespräch mit den Kindern über die Buchstaben und überlegen Sie mit ihnen, wozu diese gebraucht werden.
- Nun singen Sie den Kindern die erste Strophe des Liedes vor und fordern Sie die Kinder auf, mitzusingen. Danach führen Sie nacheinander die beiden weiteren Strophen ein. Wiederholen Sie das ganze Lied mit den Kindern.
- Zum Abschluss dürfen die Kinder sich einen Buchstaben auswählen, um ihn zu benennen. Bitten Sie die Kinder, gemeinsam einen Gegenstand im Raum zu suchen, der mit diesem Buchstaben beginnt; zum Beispiel *A* wie Abfalleimer. Nun darf das Kind den Buchstaben neben den Abfalleimer legen oder stellen.

Alle Kinder lernen lesen

2. „O“, sagt am Ostersonntag jeder Osterhas’.
„O“, sagt der Ochse, der die Ostereier fraß.
„U“, sagt der Uhu, wenn es dunkel wird im Wald
und wir singen, dass es schallt:

3. „Ei“,sagt der Eisbär, der in einer Höhle haust.
„Au“, sagt das Auto, wenn es um die Ecke saust.
„Eu“, sagt die Eule, „heute sind die Mäuse scheu!”
Und wir singen nochmal neu: ...

Die Tante aus Marokko

Lernerfahrungen

- Den Gebrauch von Verben erweitern und vertiefen.
- Sprechfreude wecken.

Durchführung

- Singen Sie den Kindern das Lied Strophe für Strophe vor.

Lied: *Die Tante aus Marokko; Musik und Text traditionell*

Die Tante aus Marokko

Zu den einzelnen Strophen werden folgende Bewegungen ausgeführt:

1. Strophe: *Bei „hipp, hopp" mit den Daumen beider Hände abwechselnd über die Schulter zeigen.*
2. Strophe: *Bei „hippeldihopp" springen.*
3. Strophe: *Bei „Rrrrr, Rrrr" Drehbewegung mit der Hand.*
4. Strophe: *Bei „gluck gluck" Trinkbewegung.*
5. Strophe: *Bei „schmatz schmatz" Kaubewegung.*
6. Strophe: *Bei „schrubb schrubb" Kehrbewegung.*
7. Strophe: *Bei „Oh ..." die Augen reiben.*
8. Strophe: *Bei „juchhe" die Arme hochreißen.*

Bei jeder neuen Strophe werden die Bewegungen und die Geräusche der vorherigen Strophen in umgekehrter Reihenfolge wiederholt, wie zum Beispiel bei der achten Strophe Arme hochreißen, die Augen reiben, Kehrbewegung, Kaubewegung, Trinkbewegung, Drehbewegung, Springen, mit den Daumen über die Schulter zeigen.

Vertiefung

- Wiederholen Sie das Lied an den folgenden Tagen.

Variationen zum Angebot

- Denken Sie sich mit den Kindern weitere Strophen aus.

20 | 12–15

Schubidua-Tanz

Lernerfahrungen

- Den Wortschatz zum Thema *Körper* erweitern und vertiefen.
- Den Gebrauch von Verben erweitern und vertiefen.

Lied: *Schubidua-Tanz*

Durchführung

- Singen Sie die erste Strophe mit den entsprechenden Bewegungen einmal vor und wiederholen Sie diese mit den Kindern.
- Führen Sie in gleicher Weise wie bei der ersten Strophe die weiteren Strophen ein. Zum Schluss singen und spielen Sie mit den Kindern das ganze Lied.

Schubidua-Tanz

2. Die dicken Daumen tanzen den Schubidua-Tanz ...
... zeigen sich noch paar Sekunden und sind dann ganz verschwunden ...

3. Die schweren Schultern tanzen den Schubidua-Tanz ...
... da werden die Ellenbogen ganz weit nach außen gezogen ...

4. Die flinken Füße tanzen den Schubidua-Tanz ...
... und aufsteh'n, da bleibt keiner sitzen,
alle tanzen auf Zehenspitzen ...

5. Die heißen Hüften tanzen den Schubidua-Tanz ...
... auf elegante Weise
dreh'n sie sich im Kreise.

6. Der ganze Körper tanzt den Schubidua-tanz ...
... lässt sich mit Luft volllaufen
und darf endlich verschnaufen ...

Schubi dubi dubi dubi, dub dubi dubi dubi, schubi dubi dubi dua. (zweimal)

Variationen zum Angebot

- Denken Sie mit den Kindern Bewegungen zu weiteren Körperteilen aus, zum Beispiel zum Kopf, zu den und/oder einzelnen Fingern usw. Singen Sie die erste Strophe. Bei der zweiten und allen folgenden Strophen wiederholen Sie den Text und die Bewegungen. Die neu erdachten Strophen führen Sie wie folgt ein: *Die kleinen Finger, die dicken Daumen, die schweren Schultern ... tanzen den Schubidua-Tanz.*

Und wer im Januar Geburtstag hat

Lernerfahrungen

- Chronologische Zeitabläufe erkennen und benennen.
- Die Abfolge der Monate erlernen und zuordnen können.
- Das eigene Geburtsdatum kennen und einordnen können.

Vorbereitung

- Halten Sie Bildkarten und Fotos bereit.

Durchführung

- Zeigen Sie den Kindern die Bildkarten und erarbeiten Sie mit ihnen im Gespräch die unterschiedlichen Monate.
- Legen Sie gemeinsam mit den Kindern die Bildkarten der Monate in der richtigen Reihenfolge in der Stuhlkreismitte aus.
- Ordnen Sie gemeinsam mit den Kindern die Fotos den Monaten zu, in denen die Kinder Geburtstag haben und lassen Sie nun jedes Kind den Namen des Monats sagen, in dem es Geburtstag hat.
- Singen Sie die erste Strophe des Liedes vor und erarbeiten Sie mit den Kindern, wer im Januar Geburtstag hat. Die Kinder, die in diesem Monat Geburtstag haben, dürfen sich nun in die Mitte stellen.

Und wer im Januar Geburtstag hat

- Fordern Sie die Kinder auf, die erste Strophe mit Ihnen zu singen und die im Text genannten Bewegungsabläufe durchzuführen. Singen Sie nun die weiteren Strophen und bitten Sie die Kinder, die in den jeweiligen Monaten geboren sind, in den Kreis zu treten und entsprechend einen tiefen Knicks zu machen und sich um die eigene Achse zu drehen.

Variationen zum Angebot

- Singen Sie statt der Monate die Jahreszeiten: *Und wer im Frühling Geburtstag hat*, usw.

- Lied: *Und wer im Januar Geburtstag hat,* aus: *Vorholt, Christine: Bausteine Kindergarten. Sammelband 7 (Bergmoser und Höller)*
- Bildkarten zu den einzelnen Monaten
- Fotos der teilnehmenden Kinder

Mein Kindergartentag

- Bilderbuch: *Bartl, Ulla Mia Reinke: Tick-Tack, mein Kindergarten-Tag (ArsEdition)*
- Pappe
- Klebstoff
- Schere
- Kataloge/Prospekte mit Bildern zum Ausschneiden

Lernerfahrungen

- Mehrwortsätze bilden.
- Sprechfreude wecken.
- Den Wortschatz zum Thema „Zeit“ entwickeln.

Durchführung

Sitzkreis

- Zeigen Sie den Kindern die Bilder des Bilderbuchs *Tick-Tack* nacheinander.
- Lassen Sie die Kinder zu jeder Seite die Inhalte beschreiben.
- Achten Sie auf die korrekte Benennung der abgebildeten Dinge mit den Artikeln.
- Stellen Sie zu jeder Seite mit den Kindern gemeinsam die entsprechende Uhrzeit ein, betrachten Sie die eingestellten Zeiten genau.

Vertiefung:

- Lassen Sie die Kinder die jeweiligen Bilder zu den von ihnen eingestellten Uhrzeiten heraussuchen und beschreiben.
- Setzen Sie eine Situation aus dem Buch mit den Kindern, zum Beispiel das Frühstück, in die Tat um.

Variation

- Erstellen Sie mit den Kindern eine große Uhr, auf der Platz genug vorhanden ist, die Abläufe in der Einrichtung den Uhrzeiten zuzuordnen. Hängen Sie diese Uhr beispielsweise in den Flur, und bitten Sie die Kinder, den anderen zu beschreiben, was auf der Uhr alles zu sehen ist.

Meer und mehr

30 | 6

Lernerfahrung

- Sprechfreude wecken.
- Den Wortschatz zum Thema „Meer“ entwickeln.
- Zusammenhänge erkennen.

Durchführung

Sitzkreis

- Legen Sie den Kindern die mitgebrachten Bilder vor und betrachten Sie diese gemeinsam.
- Fragen Sie die Kinder, ob sie auch schon einmal am Meer waren und was sie dort gesehen und erlebt haben. Fragen Sie gezielt nach landschaftlichen Unterschieden.
- Geben Sie jedem Kind genügend Zeit, seine Erfahrungen ausführlich zu beschreiben.
- Betrachten Sie dann das Bilderbuch mit den Kindern.
- Lassen Sie die Kinder jedes Bild genau beschreiben und bitten Sie sie die Dinge, die sie kennen, zu benennen.
- Lösen Sie mit den Kindern die Aufgaben auf den jeweiligen Seiten mithilfe gezielter Fragen und geben Sie, wenn nötig, Hilfen.
- Bitten Sie die Kinder, Ihnen zum Schluss noch einmal zu erzählen, wo Wicki lebt und was es dort alles zu sehen gibt.

- Bilderbuch: *Jonsson, Runer: Mein Wicki und die starken Männer – Bildwörterbuch. Die Welt am Meer* (*Schwager & Steinlein*)
- Urlaubsbilder oder Postkarten vom Meer

Vertiefung

- Erstellen Sie mit den Kindern aus geeigneten Materialien eine eigene Welt am Meer (Muscheln, Boote usw.).
- Bauen Sie mit den Kindern in einer Matschecke auf dem Außengelände Sandburgen und lassen Sie sie dabei ihr Tun sprachlich begleiten.

30 | 6

Hilfe, der Kühlschrank ist leer!

> Bilderbuch*: Paule, Irmgard: Komm, wir gehen einkaufen (*aus der Reihe *Mein erstes Bilderwissen, Arena)*

Lernerfahrung
- Den Wortschatz zu den Themen „Obst“, „Gemüse“, „Fleisch“, „Kleidung“ entwickeln.
- Sprechfreude wecken.
- Mehrwortsätze bilden.

Durchführung
Sitzkreis
- Erzählen Sie den Kindern, dass Sie am Vortag einkaufen waren und was sie gekauft haben, zum Beispiel Lebensmittel im Supermarkt.
- Fragen Sie die Kinder, ob sie mit der Mutter oder dem Vater auch schon mal einkaufen gehen. Lassen Sie jedes Kind erzählen, wo und was sie eingekauft haben.
- Zeigen Sie den Kindern die erste Seite des Buches und fordern Sie sie auf zu beschreiben, was sie auf der Seite sehen. Lassen Sie sie alles genau benennen. Achten Sie darauf, dass die Kinder nicht nur zum Beispiel das Lebensmittel benennen, sondern in ganzen Sätzen sprechen.
- Bitten Sie ein Kind, die Fenster auf der Seite des Buches zu öffnen und zu berichten, was darunter zu sehen ist.
- Verfahren Sie mit allen Seiten des Buches so. Die Kinder sollen sich mit dem Öffnen der Fenster abwechseln.
- Am Schluss soll jedes Kind noch einmal eine Besonderheit aus dem Buch erzählen.

Vertiefung
- Beauftragen Sie die Kinder, ein Geschäft mit Dingen einzurichten, die sie im Kindergarten finden.
- Basteln Sie mit ihnen eine Kasse, stellen Sie gemeinsam Spielgeld her oder stellen Sie ihnen die Kasse, das Spielgeld und den Geldbeutel zur Verfügung.
- Die Kinder können die Erfahrungen aus dem Buch nachspielen. Unterstützen Sie sie dabei, in zusammenhängenden Sätzen zu sprechen und ihre „Einkäufe“ zu tätigen.

Von der Baustelle zum Haus

30 · 6

Lernerfahrung

- Den Wortschatz zum Thema „Hausbau“ entwickeln.
- Sprechfreude wecken.
- Mehrwortsätze bilden.

Bilderbuch: *Wandre, Guido/Sokolowski, Ilka: So wird unser Haus gebaut* (*Arena*)

Durchführung

Sitzkreis

- Fragen Sie die Kinder nach ihrem Zuhause. Bitten Sie jedes Kind, das Haus oder die Wohnung, in dem beziehungsweise in der es wohnt, zu beschreiben.
- Erklären Sie den Kindern anschließend, dass Sie sich mit ihnen anschauen wollen, wie ein Haus entsteht.
- Zeigen Sie den Kindern das Bilderbuch *So wird unser Haus gebaut* Seite für Seite.
- Lassen Sie die Kinder zu jeder Seite die einzelnen Arbeitsschritte beim Hausbau beschreiben. Achten Sie auf die richtige Benennung der Gegenstände und auch auf die richtige Reihenfolge der Arbeitsschritte.
- Benennen und erklären Sie für die Kinder alle Gegenstände und Arbeitsschritte, die die Kinder nicht kennen.
- Bitten Sie die Kinder, diese Dinge jeweils in ganzen Sätzen zu wiederholen, bevor Sie zur nächsten Seite wechseln.

Vertiefung

- Gehen Sie mit den Kindern zu einer Baustelle und schauen Sie, ob sie dort Dinge aus dem Buch wiederfinden. Vielleicht kann ein Bauarbeiter einmal demonstrieren, wie eine Betonmischmaschine funktioniert? Dazu sollten Sie vorher Absprachen getroffen haben.
- Bitten Sie die Kinder, eine Baustelle zu malen, auf der viele der Dinge vom Baustellenbesuch und/oder aus dem Buch wiederzufinden sind. Lassen Sie sich alle Details noch einmal erklären.
- Regen Sie die Kinder an, im Außengelände mit Sand, Wasser und dem entsprechenden Spielzeug ein Haus zu bauen. Interessieren Sie sich für die Vorgehensweise der Kinder und fragen Sie nach deren Überlegungen für den Hausbau.

45 6

Angst haben und mutig sein

Lernerfahrung:
- Sprechfreude wecken.
- Adjektive zu Gefühlen lernen und anwenden.

- Handspielpuppe Rabe Socke
- Bilderbuch: *Most, Nele/ Rudolph, Annet: Alles mutig! oder ein bisschen Schiss hat doch jeder* (*Esslinger*)

Durchführung
- **Stuhlkreis**
- Begrüßen Sie die Kinder mit der Handpuppe Socke. Die Kinder und der Rabe stellen sich gegenseitig vor.
- Lassen Sie den Raben erzählen, dass er ein bisschen Angst vor dem fremden Kindergarten gehabt habe, aber alle sehr nett seien. Er fragt die Kinder, ob sie auch schon mal Angst gehabt hätten.
- Bitten Sie die Kinder zu erzählen, wann und warum sie schon einmal Angst hatten und wie sie sich gefühlt haben.
- Der Rabe zeigt den Kindern dann das Buch *Alles mutig! oder ein bisschen Schiss hat doch jeder.* Lassen Sie ihn den Text erzählen und betrachten Sie mit den Kindern die Bilder.
- Animieren Sie die Kinder, die Situationen zu beschreiben und fragen Sie sie, ob sie diese auch kennen. Achten Sie darauf, dass die Kinder ihre Gefühle mit den richtigen Wörtern beschreiben. Sollten sie diese nicht gleich finden, helfen Sie ihnen behutsam.
- Die Kinder sollen am Schluss noch einmal mit der Handpuppe über die Inhalte des Buches sprechen und über das Verhalten des Raben nachdenken: *Wie verhalten wir uns, wenn wir Angst haben? Wer kann uns helfen?*

Wenn zwei sich streiten

30 | 6

Lernerfahrung
- Sprechfreude wecken.
- Mehrwortsätze erweitern.
- Gefühle äußern.

Durchführung
Sitzkreis
- Lesen Sie den Kindern die erste Hälfte des Buches vor und betrachten Sie zu jedem Abschnitt gemeinsam die Bilder.
- Regen Sie die Kinder an, die Bilder zu beschreiben.
- Lassen Sie die Kinder – bezogen auf die Situation im Buch – von ihren eigenen Erfahrungen berichten.
- Lesen und betrachten Sie nun die andere Hälfte des Buches mit den Kindern und bitten Sie sie, die Bilder erneut zu beschreiben.
- Ermutigen Sie die Kinder, über ihre Erfahrungen zu berichten, und gehen Sie auf die Situationen der Tiere in der Geschichte ein.
- Erarbeiten Sie im Gespräch mit den Kindern die Lösungsmöglichkeiten beim Streit.

Bilderbuch: *Abedi, Isabel/ Neuendorf, Silvio*: *Blöde Ziege – Dumme Gans* (*ArsEdition*)

Vertiefung
- Die Kinder denken sich Streitsituationen aus, die ähnlich verlaufen könnten.
- Ermitteln Sie mit den Kindern, warum der Autor die Geschichte aus zwei Perspektiven geschrieben hat.

Variationen zum Angebot
- Die Kinder erarbeiten die Geschichte im Rollenspiel. Versuchen Sie auch hier, beide Seiten zu berücksichtigen.

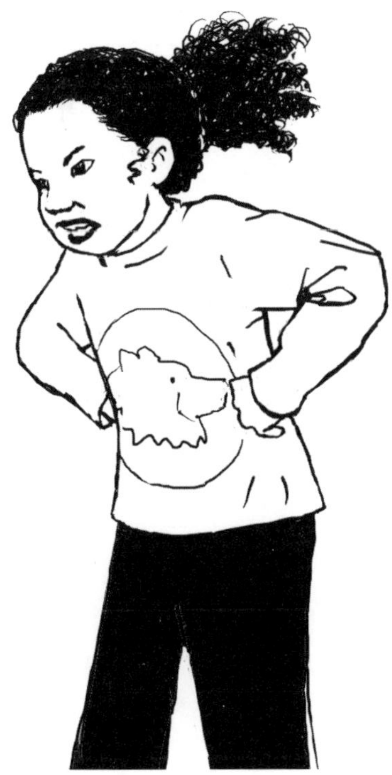

Unser Wetter

Lernerfahrung

- Den Wortschatz zum Thema „Wetter“ erweitern.
- Satzstrukturen erweitern.

Durchführung

Sitzkreis

- Gehen Sie zuerst mit den Kindern nach draußen und bitten Sie sie zu beschreiben, wie das Wetter heute ist: *Scheint die Sonne? Sind Wolken am Himmel? Welche Farbe haben der Himmel und die Wolken? Ist es warm oder kalt?*
- Betrachten Sie dann das Buch gemeinsam mit den Kindern.
- Bitten Sie die Kinder, alles genau zu benennen und zu beschreiben.

- Bilderbuch: *Weinhold, Angela: Unser Wetter* (aus der Reihe: *Wieso? Weshalb? Warum?, Ravensburger)*
- Internet: www.wetter.de
- Plakat
- Filzstifte
- Lineal

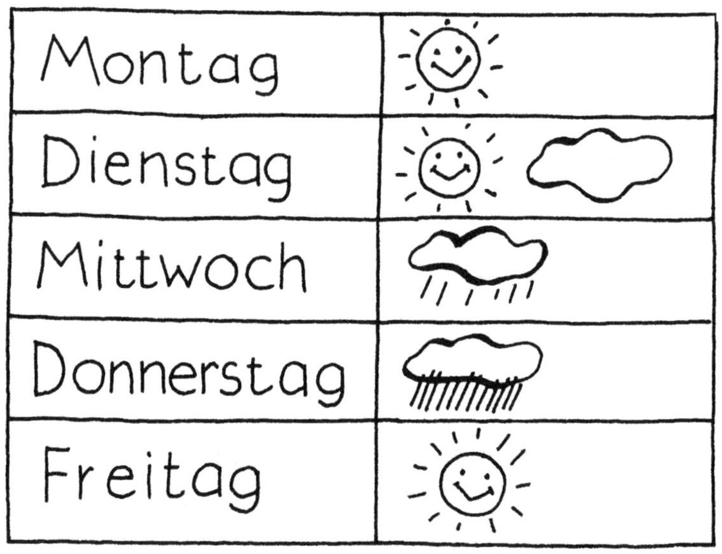

Vertiefung

- Erstellen Sie ein Plakat, etwa nach dem oben abgedruckten Beispiel.
- Befestigen Sie es mit den Kindern an einer Wand Ihrer Einrichtung.
- Überlegen Sie gemeinsam Symbole für das Wetter, zum Beispiel *eine dunkle Wolke, eine Sonne* usw. Hilfe findet man unter www.wetter.de.
- Lassen Sie die Kinder jeden Tag in das entsprechende Feld aufzeichnen, wie das Wetter ist. Besprechen Sie jeden Tag das Wetter.

Mein Lieblingsgericht

30 | 6

Lernerfahrung
- Wortschatz zum Thema *Lebensmittel* erweitern.
- Beschreiben wie Dinge schmecken.

Bilderbuch: *Rubel, Doris*: *Unser Essen* (aus der Reihe: *Wieso? Weshalb? Warum?, Ravensburger)*

Vorbereitung
- Stellen Sie verschiedene Lebensmittel zum Probieren bereit: Schokolade, Gummibärchen, Äpfel, Bananen, Tomaten, Wurst, Brot und/oder andere Lebensmittel.

Durchführung
Sitzkreis
- Zeigen Sie den Kindern die mitgebrachten Lebensmittel und bitten Sie sie, diese zu benennen und zu beschreiben. Achten Sie auf den richtigen Gebrauch der Artikel.
- Fragen Sie die Kinder, welche der mitgebrachten Speisen sie am liebsten essen und ob sie ein Lieblingsgericht haben. Hier bietet es sich an, die Kinder aufzufordern zu beschreiben, warum gerade dieses Gericht ihr Lieblingsgericht ist.
- Erzählen Sie den Kindern von Luzie. Kündigen Sie an, dass sie ihnen etwas über unser Essen erzählen will. Betrachten Sie anschließend mit den Kindern gemeinsam das Buch Seite für Seite.
- Lassen Sie die Kinder alles benennen, was sie auf den Seiten sehen und bitten Sie sie zu erzählen, was sie über die einzelnen Nahrungsmittel wissen. Wie schmeckt es? Wie sieht es aus? Ist es gesund?
- Verteilen Sie am Schluss die mitgebrachten Lebensmittel an die Kinder. Sie sollen sie noch einmal benennen und in gesunde und weniger gesunde unterteilen.

Vertiefung
- Hängen Sie im Gruppenraum mit den Kindern das dem Buch beiliegende Poster auf.
- Bitten Sie die Kinder, die an der Aktivität teilgenommen haben, den anderen Kindern der Gruppe zu erzählen, was sie über die Lebensmittel auf dem Poster gelernt haben.

30 6

Farben sammeln

Lernerfahrung

- Den Wortschatz zum Thema „Farben“ erweitern.
- Sprechfreude wecken.

Vorbereitung

- Bereiten Sie einen Maltisch mit den entsprechenden Utensilien vor.

- Bilderbuch: *Lionni, Leo*: *Frederick (Beltz & Gelberg)*
- Tisch
- Wasserfarben
- Pinsel
- Wasserbehälter
- Malpapier

Durchführung

Sitzkreis

- Zeigen Sie den Kindern das Buch über *Frederick*.
- Bitten Sie die Kinder, jede Seite zu beschreiben.
- Erarbeiten Sie gemeinsam anhand der Bilder die Geschichte: *Was machen die Mäuse? Was macht Frederick?* Stellen Sie gezielte Fragen zum Inhalt.
- Ergänzen Sie die Inhalte mithilfe der Texte.
- Lassen Sie die Kinder die Farben, die Frederick gesammelt hat, benennen.

Vertiefung

- Bitten Sie die Kinder an den Maltisch und sprechen Sie mit den Kindern über die Farben auf dem Tisch.
- Besprechen Sie mit den Kindern die Technik für den Gebrauch der Wasserfarben und lassen Sie sie mit den Farben experimentieren.
- Betrachten Sie anschließend gemeinsam die Bilder und bitten Sie jedes Kind, die Farben, die es benutzt hat, zu benennen.
- Klären Sie mit den Kindern, welche Dinge ihre Farbe im Laufe der Zeit verändern. Eine Tomate ist erst grün und verändert sich nach und nach, bis sie irgendwann ausgereift und rot ist.
- Malen Sie mit den Kindern diesen Prozess.

Wassergeschichten

40 | 6

Lernerfahrung

- Den Wortschatz zum Thema „Wasser" erweitern.
- Sprechfreude wecken.
- Neue Dinge beschreiben und ihre Funktionen erarbeiten.
- Geschichten aus Bildern erfinden.

Bilderbuch: *Mitgutsch, Ali: Komm mit ans Wasser (Ravensburger)*

Durchführung

Sitzkreis

- Betrachten Sie mit den Kindern die erste Seite oder den Umschlagdeckel des Buches und lassen Sie die Kinder beschreiben, was sie sehen. Zeigen Sie den Kindern die zweite Seite und lassen Sie sie beschreiben oder benennen, was sie wiedererkennen. Zeigen Sie den Kindern alle Gegenstände und benennen Sie diese. Erarbeiten Sie mit ihnen die Funktion der einzelnen Dinge. Verfahren Sie genauso mit den anderen Seiten des Buches.
- Entwickeln Sie mit den Kindern Geschichten zu den dargestellten Figuren und ihren Handlungen.

Vertiefung

- Leiten Sie die Kinder an, einige der im Buch vorkommenden Dinge nachzubauen: *ein Floß, ein Schiff* usw.
- Begleiten Sie die Arbeiten der Kinder sprachlich und veranlassen Sie sie, ihr eigenes Handeln zunehmend selbst zu verbalisieren.
- Im Sommer können die Kinder im Außengelände einzelne Bilder des Buches in einer mit Wasser gefüllten Wanne oder in einem kleinen Planschbecken nachstellen. Halten Sie auch hier die Kinder an, über die Dinge zu sprechen.

45 | 6

Blumen pflanzen und pflegen

Lernerfahrung

- Den Wortschatz zum Thema „Natur“ erweitern.
- Satzstrukturen erweitern.

Vorbereitung

- Halten Sie die Blumentöpfe, Blumenerde, Blumensamen und eine Gießkanne mit Wasser bereit.

- Bilderbuch: *Scheffler, Axel/Petty, Kate: Sam pflanzt Sonnenblumen. Ein Klapp-Bilderbuch (Beltz)*
- Blumentöpfe
- Blumenerde
- Blumensamen
- Gießkanne mit Wasser

Durchführung

Sitzkreis

- Fragen Sie die Kinder, wer zu Hause einen Garten hat, und ob sie dort schon einmal selbst etwas gepflanzt haben.
- Zeigen Sie den Kindern ein Bild von Sam im Buch und stellen Sie ihn den Kindern vor.
- Zeigen Sie die erste Seite des Buches und fordern Sie die Kinder auf zu beschreiben, was sie auf dem Bild sehen.
- Erarbeiten Sie gemeinsam die Inhalte des Buches.
- Verfahren Sie genauso mit allen Bildern. Achten Sie darauf, dass die Dinge, die zum Pflanzen benötigt werden, benannt werden.
- Gehen Sie dann mit den Kindern zum vorbereiteten Tisch mit den Blumentöpfen. Erzählen Sie, dass Sam ein paar Blumensamen für sie dagelassen hat. Bitten Sie die Kinder, die sich auf dem Tisch befindenden Dinge zu benennen und zu beschreiben, was sie damit machen müssen. Achten Sie auf die richtige Reihenfolge.
- Lassen Sie die Kinder dann ihre Sonnenblumenkerne einpflanzen: wie Jan es getan hat.
- Besprechen Sie abschließend, wo die Töpfe aufgestellt werden sollen und dass die Kinder daran denken müssen, die Pflanzen zu gießen.

Vertiefung

- Führen Sie mit den Kindern ein Tagebuch über das Wachstum der Sonnenblume. Die Kinder können den entsprechenden Wachstumsstand auch malen.
- Fotografieren Sie ergänzend die entscheidenden Wachstumsschritte der Pflanze und bitten Sie die Kinder, diese Schritte zu beschreiben. Schreiben Sie diese Wachstumsschritte ins Tagebuch.
- Wiederholen Sie diese Aktivität mit anderen Pflanzen, zum Beispiel mit Kresse.

In Feld und Wald

30 | 4

Lernerfahrung

- Den Wortschatz zum Thema „Tiere und Pflanzen“ erweitern.
- Zusammenhänge erkennen.
- Satzstrukturen erweitern.

Durchführung

Sitzkreis

- Fragen Sie die Kinder, wer von ihnen die Biene Maja kennt.
- Zeigen Sie den Kindern ein Bild von der Biene Maja (zum Beispiel den Einband des Buches) und bitten Sie die Kinder, etwas über die Biene Maja zu erzählen.
- Erzählen Sie den Kindern, dass die Biene Maja ihnen zeigen möchte, wo sie wohnt und wie es dort aussieht.
- Zeigen Sie den Kindern dann das Buch.
- Bitten Sie die Kinder zu beschreiben, was sie auf den Bildern sehen und alle Dinge, die sie kennen, zu benennen.
- Erklären Sie die kleinen Aufgaben auf den Seiten des Buches, um alle Tiere, Pflanzen und Inhalte mit den Kindern zu erarbeiten.
- Fordern Sie die Kinder am Schluss auf, noch einmal zu erzählen, wo die Biene Maja wohnt und was sie den Kindern gezeigt hat. Fragen Sie dabei gezielt nach den Bezeichnungen der Tiere und Pflanzen. Nehmen Sie eventuell dabei einzelne Seiten des Buches zu Hilfe.

- Bilderbuch*: Bonsels, Waldemar: Mein Biene Maja Bildwörterbuch. In Feld und Wald. Zur spielerischen Sprachförderung (Schwager & Steinlein)*
- Lupengläser

Vertiefung

- Machen Sie mit den Kindern einen Spaziergang in einen Wald oder Park in der Nähe und suchen Sie dort gemeinsam nach Pflanzen und Tieren, die sie aus dem Buch kennen.
- Sammeln Sie zur näheren Betrachtung auch Insekten in sogenannten Lupengläsern. Betrachten Sie damit gemeinsam die Tiere und lassen Sie die Kinder alles beschreiben und mit den Figuren, die sie aus den Erzählungen von Biene Maja kennen, vergleichen.
- Lassen Sie die Insekten nach der Betrachtung wieder frei und erklären Sie den Kindern deren Nutzen.

Freies Thema

30 · 6 · ●●●

Früher war alles anders, oder?

Lernerfahrung

- Vergleiche zwischen Gegenwart und Vergangenheit ziehen.
- Satzstrukturen erweitern.

- Bilderbuch: *Nase, Daniela: Zeitreise* (aus der Reihe: *Frag doch mal die Maus!, Cbj)*
- Handpuppe oder Stofftier von der Maus
- Kinderfotos und Fotos aus der Kinderzeit der Großeltern

Durchführung

Sitzkreis

- Spielen Sie die Maus und lassen Sie sie die Kinder fragen, ob sie wissen, wer sie ist.
- Sollten die Kinder die Maus nicht kennen, stellt sie sich ihnen vor.
- Die Maus fragt nun die Kinder einzeln nach ihrem Namen.
- Wenn die Kinder sich vorgestellt haben, fragt die Maus die Kinder, ob sie nicht auch manchmal gerne wüssten, wie die Menschen früher gelebt haben und was sich alles verändert hat.
- Zeigen Sie den Kindern das Buch Seite für Seite und bitten Sie sie, die Bilder zu beschreiben.
- Die Maus stellt Fragen zu den einzelnen Bildern und fragt die Kinder nach Unterschieden zum Leben, wie sie es kennen.
- Die Maus möchte am Schluss von den Kindern noch einmal die Unterschiede zwischen der heutigen Zeit und der Vergangenheit hören.
- Sie stellt wiederholt gezielte Fragen zu den einzelnen Zeitepochen und fragt die Kinder, ob sie nicht lieber in einer anderen Zeit gelebt hätten.
- Achten Sie bei den Kindern auf den richtigen Gebrauch der Vergleichsformen.

Vertiefung

- Bitten Sie gegebenenfalls die Großeltern oder nur Oma oder Opa der Kinder in die Einrichtung, um ihnen aus ihrer Jugendzeit zu berichten. Ermutigen Sie die Kinder, Fragen zu stellen.
- Halten Sie die Kinder dazu an, Kinderfotos der Großeltern mit den eigenen zu vergleichen und zu beschreiben.

Von Rittern und Burgen

30 6

Lernerfahrung

- Den Wortschatz zum Thema „Ritter und Burgen“ erweitern.
- Sprechfreude wecken.

Durchführung

Sitzkreis

- Spielen Sie die Puppe und lassen Sie sie sich vorstellen. Bitten Sie die Maus, die Kinder nach ihren Namen zu fragen. Die Kinder sollen sich der Reihe nach vorstellen.
- Die Maus gesteht den Kindern, dass sie sich immer schon für Ritter und Burgen interessiert habe und ob die Kinder ihr nicht etwas darüber erzählen könnten.
- Unterstützen Sie die Kinder, alles zu berichten, was sie über das Thema wissen. Helfen Sie ihnen dabei, die richtigen Wörter zu finden. Achten Sie darauf, dass die Kinder in zusammenhängenden Sätzen sprechen. Korrigieren Sie sie gegebenenfalls behutsam, indem Sie den Satz beispielsweise richtig wiederholen oder in der richtigen Satzstruktur antworten.
- Die Maus erzählt anschließend den Kindern, sie habe ein Buch gefunden, in dem viele Fragen zu Burgen und Rittern beantwortet würden.
- Lassen Sie die Maus, bevor sie den Kindern die erste Seite zeigt, die dazu passenden Fragen stellen. Zeigen Sie dann die entsprechende Seite.
- Regen Sie die Kinder an, anhand der Bilder die Antworten zu erarbeiten und der Maus alles zu erklären.
- Verfahren Sie so mit allen Seiten des Buches.
- Abschließend kann die Maus noch einmal Fragen zum Thema an die Kinder stellen und sich darüber freuen, was die Kinder alles behalten haben.

- Bilderbuch: *Mai, Manfred: Ritter und Burgen* (aus der Reihe: *Frag doch mal die Maus!, Cbj)*
- Handpuppe oder Stofftier von der Maus

Vertiefung

- Stellen Sie den Kindern Material für Ritterspiele, zum Beispiel aus Holz, von Playmobil oder Lego zur Verfügung. Regen Sie sie an, einzelne Bildausschnitte nachzustellen und zu erklären, was sie gerade machen.

30 | 3 J 3 M

Jungen und Mädchen

Lernerfahrung

- Unterschiede mittels Verben und Adjektiven erarbeiten.
- Sprechfreude wecken.
- Satzstrukturen erweitern.

Bilderbuch: *Hille, Astrid/ Schäfer, Dina/Häusler, Ulla*: *Wer ist wie? So sind Mädchen – so sind Jungen (Oz Verlag)*

Durchführung

- Bitten Sie die Kinder, sich in zwei Reihen gegenüberzusetzen, auf der einen Seite die Jungen, auf der anderen Seite die Mädchen.
- Regen Sie die Kinder an zu erzählen, was sie gerne machen. Fragen Sie, ob es Unterschiede zwischen den Tätigkeiten der Jungen und denen der Mädchen gibt.

- Bilden Sie dann einen **Sitzkreis**.
  - Zeigen Sie den Kindern nun das Buch Seite für Seite.
  - Fordern Sie die Kinder auf zu beschreiben, was sie auf den einzelnen Seiten sehen.
  - Bitten Sie die Jungen, zu beschreiben, was die Jungen im Buch machen und die Mädchen, was sie von den Mädchen sehen, um die Unterschiede der Handlungen im Buch zu verdeutlichen.
- Wechseln Sie in einem zweiten Durchgang die Perspektive. Dieses Mal sollen die Mädchen die Aktivitäten der Jungen beschreiben und die Jungen die der Mädchen.
- Fragen Sie die Kinder dann um ihre Meinung: *Gibt es wirklich Dinge, die nur Jungs oder nur Mädchen ausführen?*

30 6

Komm, lernen wir ein Brot zu backen!

Lernerfahrung:

- Den Wortschatz zum Thema „Brotbacken“ erweitern.
- Satzstrukturen erweitern.

Durchführung

Sitzkreis

- Bitten Sie die Kinder zu erzählen, was sie über das Brotbacken wissen: *Welche Materialien benötigt man? Was ist alles in unserem Brot?*
- Zeigen Sie den Kindern nacheinander die Seiten des Buches und lassen Sie sie beschreiben, was sie auf den Bildern sehen.
- Stellen Sie zu jeder Seite Fragen an die Kinder, um die Inhalte zu erarbeiten.
- Benennen Sie Gegenstände und deren Funktion, wenn die Kinder diese nicht kennen, und bitten Sie die Kinder, diese Inhalte zur Vertiefung zu wiederholen.
- Fragen Sie die Kinder im Anschluss noch einmal, was sie jetzt über das Brotbacken wissen.

Bilderbuch: *Elert, Anne: Woher kommt unser Brot? (Arena)*

Vertiefung

- Besuchen Sie eine Bäckerei in Ihrer Nähe, in der die Kinder sehen können, wie der Bäcker Brot backt. Überlegen Sie vorab gemeinsam, welche Fragen die Kinder dem Bäcker stellen können.

Variationen zum Angebot

- Besorgen Sie sich eine Kornmühle und stellen Sie gemeinsam mit den Kindern Mehl her.
- Backen Sie mit den Kindern anschließend ihr eigenes Brot.
- Kommentieren Sie alle Handlungen und geben Sie den Kindern ausreichend Gelegenheit, auch ihre Aktionen zu benennen.

30 | 6

Auf dem Bauernhof

Lernerfahrung

- Den Wortschatz zum Thema „Tiere auf dem Bauernhof" erweitern.

Durchführung

Sitzkreis

- Zeigen Sie den Kindern einige der Tiere und fragen Sie nach deren Bezeichnung und was sie über diese Tiere wissen: Wo leben diese Tiere? Haben sie schon einmal welche gesehen? Waren sie schon einmal auf einem Bauernhof?
- Lassen Sie die Kinder über ihre Erfahrungen berichten. Einige werden Haustiere haben und auch darüber zu erzählen wissen.
- Zeigen Sie dann die erste Seite des Buches. Die Kinder sollen beschreiben, was sie auf dem Bild sehen.
- Gehen Sie auf die Einzelheiten ein und stellen Sie gegebenenfalls gezielte Fragen zum Inhalt.
- Lassen Sie dann ein Kind die Fenster des Buches öffnen und den anderen Kindern beschreiben, was dahinter zu sehen ist.
- Verfahren Sie so mit allen Seiten des Buches. Lassen sie die Kinder im Wechsel die Fenster öffnen. Achten Sie stets auf die richtige Wortwahl und die richtige Satzstruktur. Korrigieren Sie gegebenenfalls Fehler behutsam durch Wiederholen.
- Vertiefen Sie die neuen Inhalte am Schluss, indem sie jedes Kind bitten, eine Seite des Buches auszusuchen und noch einmal zu berichten, was dort zu sehen ist.

- Bilderbuch: *Lang, Monika/ Brandstetter, Johann*: *Wer macht da Muh? Mein Tierbuch vom Bauernhof (Patmos)*
- Bauernhof-Figuren, z. B. aus Holz oder von Playmobil oder Lego

Vertiefung

- Stellen Sie den Kindern die Bauernhoffiguren und Zubehör, zum Beispiel Ställe, Zäune usw. zur Verfügung und bauen Sie gemeinsam mit ihnen einen Bauernhof auf. Begleiten Sie Ihr Handeln sprachlich und fragen Sie auch die Kinder danach, was sie tun.
- Organisieren Sie einen Ausflug zu einem Bauernhof in der Nähe. Dort können die Kinder sich ansehen und erneut erzählen, was sie über die Tiere gelernt haben.

Ich bekomme ein Geschwisterchen

45 · 6

Lernerfahrung

- Sprechfreude wecken.
- Gegenstände, die für Babys wichtig sind, benennen.
- Satzstrukturen erweitern.
- Verben aus der Babypflege kennenlernen und anwenden.

Vorbereitung

- Bitten Sie die Eltern um die Geburtsgröße und Babyfotos der Kinder.
- Befestigen Sie die Messlatte aus dem Buch oder einen Zollstock beziehungsweise ein Metermaß an einer Wand.

- Bilderbuch: *Stellmacher/ Scharff-Kniemeyer: Ich mag dich sehr, ich hab dich lieb! (ArsEdition)*
- Babyfotos der Kinder oder der Geschwister
- Zollstock oder Metermaß

Durchführung

Sitzkreis

- Fragen Sie die Kinder nach jüngeren Geschwistern, ob sie welche haben oder vielleicht eins bekommen: Welches Geschlecht hat das Geschwisterchen? Erinnern sie sich an die erste Zeit mit dem Baby?
- Lassen Sie die Kinder die Bilder aus dem Bilderbuch beschreiben und lesen Sie ihnen die Geschichte vor.
- Sprechen Sie mit den Kindern über die Emotionen in der Geschichte. Lassen Sie die Kinder über ihre Erfahrungen berichten.

Vertiefung

- Betrachten Sie die gegenfalls mitgebrachten Babyfotos mit den Kindern: Wen erkennt man auf den Bildern?
- Messen Sie die Größen der Kinder an der Messlatte und markieren Sie diese in unterschiedlichen Farben.
- Markieren Sie gemeinsam die Geburtsgrößen der Kinder an der Messlatte mit ihren Farben.
- Besprechen Sie mit den Kindern, wie viel Zentimeter sie seit ihrer Geburt gewachsen sind.

Variationen zum Angebot

- Bitten Sie eine Mutter mit einem Baby, von ihrem Alltag zu berichten: Was braucht ein Baby, was muss alles getan werden?
- Befestigen Sie Babyfotos und aktuelle Fotos der Kinder anstatt der Farbmarkierungen an der Messlatte.

45 | 6

Aufgepasst im Straßenverkehr!

Lernerfahrung
- Den Wortschatz zum Thema „Reise und Verkehr" erweitern.

Vorbereitung
- Bereiten Sie einen Tisch für die Bastelaktivität vor.

- Bilderbuch: *Spathelf, Bärbel/Szesny, Susanne*: *Ein Schutzengel für den Straßenverkehr* – oder – *Die wichtigsten Tipps, wie man sich vor Unfällen schützen kann (albarello)*
- Stoffreste
- Wolle, Kleber
- Scheren
- Filzstifte

Vorsicht beim Umgang mit Scheren.

Durchführung
Sitzkreis
- Fragen Sie die Kinder, wie sie in den Kindergarten kommen und auf was sie auf dem Weg dorthin achten müssen.
- Achten Sie hierbei auf die Dinge, die die Kinder schon kennen und benennen Sie sie, zum Beispiel *die Straße, der Gehweg, ...*
- Stellen Sie den Kindern den zum Buch gehörenden Schutzengel vor und erzählen Sie, was er macht.
- Betrachten Sie nun mit den Kindern das Buch.
- Lassen Sie die Kinder beschreiben, was sie auf den einzelnen Bildern sehen und ergänzen Sie nötigenfalls die Inhalte anhand des Textes.
- Wechseln Sie nun mit den Kindern an den vorbereiteten Basteltisch.
- Erklären Sie den Kindern, dass sie jetzt einen eigenen Schutzengel basteln können.
- Stellen Sie den Kindern die vorbereiteten Materialien zur Verfügung.
- Binden Sie aus den Stoffresten und der Wolle mit den Kindern kleine Püppchen.
- Lassen Sie die Kinder die Puppen mit den vorhandenen Materialien verzieren und fertigstellen.

Vertiefung
- Machen Sie mit den Kindern einen Spaziergang in der Umgebung und lassen Sie die Kinder ausprobieren, was sie im Buch gelernt haben.
- Überqueren Sie Straßen mit und ohne Ampeln und suchen Sie Verkehrsschilder, die für die Kinder wichtig sind, um sicher durch den Verkehr zu gelangen.
- Beachten Sie gegebenenfalls die Vorschriften und nehmen Sie eine zweite Erzieherin als Begleitperson mit.

Indianer und Siedler

45 | 6

Lernerfahrungen
- Sprechfreude wecken.
- Eigenschaften von Personengruppen benennen.

Durchführung
Sitzkreis
- Zeigen Sie den Kindern das Buch *Die Indianer* Seite für Seite und lassen Sie sie berichten, was sie auf den Bildern erkennen.
- Erklären Sie den Kindern die neuen Gegenstände und Begriffe.
- Achten Sie dabei besonders auf den richtigen Gebrauch der Artikel bei den neu erlernten Wörtern.
- Gehen Sie auf die Unterschiede zwischen Indianern und Siedlern ein. Welche Eigenschaften werden den beiden Personengruppen zugesprochen?
- Erarbeiten Sie mit den Kindern anhand der Bilder die Veränderungen der Landschaft und der Lebensbedingungen der Menschen im Buch.

- Bilderbuch: *Die Indianer* (aus der Reihe: *Meyers kleine Kinderbibliothek, Bibliographisches Institut, Mannheim)*
- Indianerdorf, z. B. von Playmobil

Vertiefung
- Stellen Sie den Kindern die Spielfiguren zur Verfügung.
- Besprechen Sie mit den Kindern die einzelnen Gegenstände und lassen Sie sie damit frei spielen.

30 6

Unterschiedliche Familienstrukturen

Lernerfahrung

- Satzstrukturen erweitern und vertiefen.
- Eigene Erfahrungen erzählen und berichten.
- Über Gefühle sprechen.

Bilderbuch: *Maar, Nele/ Ballhaus, Verena: Papa wohnt jetzt in der Heinrichstraße (Modus vivendi)*

Gehen Sie sensibel mit dem Thema „Trennung/ Scheidung“ um. Es gibt Kinder, die über dieses Thema nicht gerne reden möchten.

Durchführung

Sitzkreis

- Fragen Sie die Kinder nacheinander nach ihren Familien beziehungsweise wer mit ihnen zusammen in einer Wohnung wohnt. Gibt es Kinder, die nur mit der Mutter oder dem Vater leben? Sehen sie den Vater oder die Mutter manchmal? Wohnen die Großeltern bei ihnen?
- Lesen Sie den Kindern den Text aus dem Buch vor und zeigen Sie jeweils die Bilder dazu.
- Ermutigen Sie die Kinder, ihre Gefühle, Erfahrungen und Meinungen zu jeder Seite mitzuteilen. Helfen Sie den Kindern, die richtigen Vokabeln für ihre Gefühle zu finden.
- Erklären Sie den Kindern, dass es in der heutigen Gesellschaft mehrere Formen des Zusammenlebens gibt.

Vertiefung

- Lassen Sie die Kinder Bilder malen, wie sie ihre Familie sehen. Besprechen sie anhand der Bilder nochmals die verschiedenen Familienstrukturen.

30 | 6

Wie geht es eigentlich Behinderten?

Bilderbuch: *Szesny, Susanne, Mueller/Dagmar: Lukas ist wie Lukas (Ravensburger)*

ggf. Rollstuhl

Lernerfahrung

- Eigene Erfahrungen mitteilen und Gelerntes wiedergeben.
- Sprachfreude erweitern und vertiefen.
- Satzstrukturen erweitern und vertiefen.

Vorbereitung

- Besorgen Sie gegebenenfalls aus einer integrativen Einrichtung oder einem Krankenhaus einen Rollstuhl für Kinder.

Durchführung

Sitzkreis

- Zeigen Sie den Kindern die Bilder und lassen Sie sie beschreiben, was auf den einzelnen Bildern zu sehen ist. Lesen Sie jeweils den Text dazu.
- Bitten Sie die Kinder am Schluss, die Geschichte noch einmal zu erzählen.
- Fragen Sie die Kinder nach ihren Erfahrungen mit behinderten Menschen. Kennen sie vielleicht einen behinderten Menschen in ihrem Umfeld?
- Wie fühlt man sich, wenn man sich verletzt hat, zum Beispiel dann, wenn man sich den Fuß umgeschlagen hat?
- Regen Sie die Kinder an, bei diesem Thema auch über ihre Gefühle zu sprechen.

Vertiefung

- Überlegen Sie mit den Kindern, wie zum Beispiel ihre Einrichtung verändert werden müsste, wenn sie von einem behinderten Kind besucht würde. Würde sich auch an ihrem Leben etwas ändern?
- Bitten Sie die Kinder, mit dem Rollstuhl durch die Einrichtung zu fahren: *Was wird anders durch das Sitzen im Rollstuhl? Was kann ich noch, was nicht mehr?*
- Machen Sie mit Ihren Kindern einen Spaziergang durch das Wohngebiet Ihrer Einrichtung: *Ist hier alles behindertengerecht eingerichtet? Wie überwinde ich mit einem Rollstuhl die Bürgersteigkante? Wie komme ich mit ihm in einen Bus? Reichen meine Kräfte, um mit einem Rollstuhl zum Beispiel eine leichte Steigung hinaufzufahren?*

40 5–6

Missgeschicke

Lernerfahrung:

- Sprechfreude wecken.
- Satzstrukturen erweitern und vertiefen.
- Gefühle äußern.

- Bilderbuch: *Moost, Nele/ Rudolph, Annet: Macht ja nix! Oder – Das kann ja jedem mal passieren! (Esslinger Schreiber)*
- Handpuppe: Rabe Socke

Durchführung

Sitzkreis

- Spielen Sie die Handpuppe Socke und begrüßen Sie die Kinder, indem der Rabe sich vorstellt und den Kindern erzählt, dass er mit seinem Freund Eddi Bär etwas erlebt hat. Er würde ihnen diese Geschichte erzählen und dann wolle er ihre Meinung dazu hören.
- Zeigen Sie den Kindern die erste Seite des Buches und lesen Sie den Text vor.
- Verfahren Sie mit den folgenden Seiten ebenso und erarbeiten Sie mit den Kindern anhand der Bilder den Inhalt der Geschichte.
- Achten Sie darauf, dass die Kinder möglichst alles auf den Bildern benennen, da Einzelheiten meist für den Inhalt der nächsten Seite wichtig sind.
- Lesen Sie den Text zu jeder Seite vor, bevor Sie umblättern.
- Lassen Sie den Raben im Anschluss fragen, ob den Kindern auch schon einmal ein Missgeschick passiert ist und ob jemand mit ihnen geschimpft hat.
- Achten Sie darauf, dass die Kinder ihre Gefühle mit den richtigen Adjektiven und Verben beschreiben. Helfen Sie ihnen gegebenenfalls, die richtigen Worte zu finden.
- Fragen Sie die Kinder, wie man reagieren könnte, wenn jemandem ein Missgeschick passiert.
- Lassen Sie den Raben abschließend erzählen, dass er seinem Freund nicht böse ist und solche Unfälle ja nicht mit Absicht passieren.

45 6

Benehmen ist keine Glückssache

Lernerfahrung

- Satzgefüge bilden.
- Verben anwenden.

- Bilderbuch: *Bauer, Jutta: Die Königin der Farben (Beltz)*
- Wasserfarben
- Pinsel
- Wasserbehälter
- Malblätter

Durchführung

Sitzkreis

- Nehmen Sie die Handpuppe Rabe Socke und lassen Sie diese sich den Kindern vorstellen
  Lassen Sie den Raben nach den Namen der Kinder fragen.
- Bitten Sie die Handpuppe, die Kinder zu fragen, ob sie immer brav sind oder auch schon einmal nicht so brav waren.
  Geben Sie den Kindern Zeit, ausführlich zu erzählen.
  Socke berichtet den Kindern, dass er auch nicht immer so brav ist, aber er habe es schon einmal versucht.
- Zeigen Sie den Kindern die erste Seite des Buches und bitten Sie sie zu erzählen, was sie auf den Bildern sehen.
  Lesen Sie dann den Text vor.
  Verfahren Sie genauso mit den folgenden zwei Seiten.
- Bitten Sie Socke, die Kinder zu fragen, was sie von seinem Benehmen halten.
- Zeigen Sie den Kindern die restlichen Seiten des Buches.
  Erarbeiten Sie gemeinsam, was auf jeder Seite zu sehen ist und lesen Sie jeweils den Text.
- Lassen Sie am Schluss die Kinder der Handpuppe noch einmal aufzählen, was sie alles beachten muss, um sich halbwegs akzeptabel zu benehmen.

30–40 | 4

Ich freue mich auf die Schule

Lernerfahrung
- Sprechfreude wecken.
- Satzstrukturen erweitern und vertiefen.
- Den Wortschatz zum Thema „Schule“ erweitern und vertiefen.
- Den Gebrauch von Artikeln erweitern und vertiefen.

- Spiel: *Schule fertig – los! (Haba)*
- Buch: *Mennen, Patricia/ Szesny, Susanne: Ich komme in die Schule* (aus der Reihe: *Wieso? Weshalb? Warum?, Ravensburger)*

Durchführung
- Spielen Sie mit den Kindern das Spiel *Schule fertig – los!* in einer leichten Version.
- Fordern Sie die Kinder auf zu erzählen, was sie bereits über die Schule wissen.
- Geben Sie den Kindern das Buch. Jedes Kind soll etwas heraussuchen, was es kennt oder interessiert.
- Regen Sie die Kinder an, mithilfe der Bilder Erklärungen zu erarbeiten und ihr Wissen zu vertiefen.
- Lesen Sie den Kindern den Text zu den Bildern vor, die sie nicht selbstständig erarbeiten können.

Vertiefung
- Spielen Sie das Spiel in einer schwierigeren Version.
- Lassen Sie die Kinder Gegenstände, die sie für die Schule benötigen, malen, zum Beispiel: *Schultüte, Schultasche, Bücher.* Sprechen Sie über die gemalten Gegenstände mit den Kindern.

Sternenhimmel

30–45 | 6

Lernerfahrungen

- Sprechfreude wecken.
- Satzstrukturen erweitern und vertiefen.
- Gegenstände mit Artikel benennen.
- Mehrzahlformen vertiefen.
- Den Wortschatz zum Thema „Weihnachten“ erweitern und vertiefen.

- Bilderbuch: *Pfister, Marcus*: *Der Weihnachtsstern* (*Nord Süd*)
- CD-Player und CD zum Buch
- Mitmachbuch: *Pfister, Marcus/Jöcker, Detlev: Der Weihnachtsstern. Ein Liederspiel. (Menschenkinder)*

Durchführung

Sitzkreis

- Betrachten Sie mit den Kindern das Buch und lesen Sie den Text dazu.
- Gehen Sie am Ende jeder Seite besonders auf die Sterne am Himmel ein: *Wie verändern sie sich? Welche Form nehmen sie langsam an?*
- Lassen Sie die Kinder zum Schluss die Geschichte in eigenen Worten wiederholen.
- Gehen Sie wieder verstärkt auf die Sterne ein.

Vertiefung

- Hören Sie mit den Kindern die CD zum Buch.
- Lassen Sie die Kinder das Buch parallel zur CD betrachten.
- Erstellen Sie mit den Kindern ein Wandbild aus Glitzersternen, auf dem sie den Verlauf der Sterne im Buch darstellen.

30 · 8–10

Ich hole mir einen Schatz

- Schmuckstücke und Perlen in unterschiedlichen Farben und Größen
- Seil
- Schatzkiste
- Handpuppe als Pirat verkleidet

Lernerfahrungen

- Den Wortschatz zum Thema „Farben“ entwickeln.
- Mehrwortsätze bilden.

Vorbereitung

- Spannen Sie ein Seil so durch den Raum, dass der Abstand zum Boden es gerade noch zulässt, dass ein Kind in Bauchlage darunter hindurchkriechen kann.
- Vor das Seil stellen Sie die leere Schatzkiste, hinter das Seil legen Sie gut sichtbar die einzelnen Schmuckstücke, Diamanten und Edelsteine (Perlen).
- Verkleiden Sie eine Handpuppe durch eine Augenklappe, ein Kopftuch und einen Ohrring als Pirat und setzen Sie sie in die leere Schatzkiste.

Durchführung

- Zeigen Sie den Kindern den vorbereiteten Spielbereich, nehmen die Handpuppe auf und schlüpfen in die Rolle des Piraten.
- Um Kontakt aufzubauen und die Kinder zum Sprechen zu motivieren, stellt die Handpuppe sich den Kindern vor und erfragt deren Namen.
- Die Handpuppe erzählt, dass ihr Schatz geraubt wurde und sie nun nur noch eine leere Schatzkiste besitzt. Um an die gestohlenen Schmuckstücke, Edelsteine und Diamanten zu kommen, benötigt sie die Hilfe der Kinder.
- Nun werden die Kinder aufgefordert, unter der Mauer (dem Seil) hindurchzukriechen, um einzeln, nacheinander, den Schatz des Piraten zu ergattern. Allerdings muss vorher benannt werden, welches Schatzteil zurückerobert werden soll: *Ich werde mir die* ***rote*** *Kette holen!*
- Während ein Kind versucht, seine Aufgabe zu bewältigen, bekommen alle anderen Kinder die Aufgabe, die Mauer (das Seil) zu beobachten. Wird diese berührt, geht mit einem lauten *brrrrr* die Sirene an und der Schatz muss liegen gelassen werden. Vielleicht klappt's beim nächsten Mal.
- Haben die Kinder den Schatz zurückerobert, bedankt sich die Handpuppe bei den Kindern für deren Hilfe und schenkt jedem Kind zum Dank einen Edelstein in dessen Lieblingsfarbe.

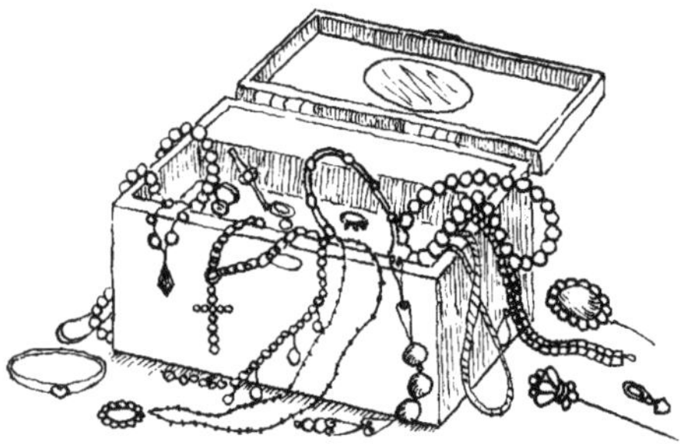

Vertiefung

- Während des Freispiels können Sie den Kindern das Angebot machen, Schmuckstücke, Edelsteine und Diamanten in unterschiedlichen Farben aus Pappmaschee und Fingerfarbe selbst herzustellen. Während der Aktivität sollte das Benennen von Farben im Vordergrund stehen.
- Geben Sie den Inhalt des Piratenschatzes in die Puppenecke. Kinder lieben das Spiel mit Schmuckstücken, Edelsteinen und Ähnlichem und werden angeregt, darüber zu sprechen. Somit bekommen die Kinder eine Möglichkeit, das Erlernte anzuwenden und zu wiederholen.

Teller, Tassen, Töpfe – uns rauchen gleich die Köpfe

30

Lernerfahrungen

- Den Wortschatz zu den Themen „Geschirr“ und „Besteck“ entwickeln.
- Mehrwortsätze bilden.

Vorbereitung

- Verteilen Sie die Schuhkartons gleichmäßig in einem entsprechend großen Raum.
- Die Kartons sollten genügend Abstand zueinander haben, sodass ein Umhergehen im Raum weiterhin möglich ist.
- Decken Sie einen Tisch mit dem aufgezählten Geschirr und Besteck ein. Um eine motivierende Atmosphäre zu schaffen, können brennende Kerzen und ruhige Hintergrundmusik das Bild eines gedeckten Tisches abrunden.
- Hängen Sie ein Plakat mit einem Stift gut sichtbar an eine Wand. Hier soll während des Spiels der Punktestand notiert werden.

Durchführung

- Bitten Sie die Kinder, sich mit Ihnen an den gedeckten Tisch zu setzen und die daraufstehenden Dinge möglichst in ganzen Sätzen zu benennen: *Das ist* ***eine Tasse****.*
- Bitten Sie nun die Kinder, alle Gegenstände (bis auf die brennende Kerze) einzeln unter die im Raum stehenden Schuhkartons zu verteilen.
- Bitten Sie die Kinder, sich in zwei Mannschaften aufzuteilen und sich zum Erkennungszeichen die Nasen in der gleichen Farbe anzumalen.
- Nun darf immer ein Kind zwei Schuhkartons anheben, um zwei gleiche Gegenstände zu finden. Sind die richtigen Kartons ausgewählt und angehoben worden, darf das Kind mit den aufgedeckten Gegenständen den Tisch eindecken, die entsprechende Mannschaft bekommt einen Punkt und ist noch einmal an der Reihe. Ist das Finden zweier gleicher Gegenstände misslungen, gibt es keinen Punkt und die gegnerische Mannschaft darf ihr Glück versuchen. Die Mannschaft mit den meisten Punkten hat gewonnen.
- Achten Sie darauf, dass die Kinder die aufgedeckten Gegenstände benennen: *Das ist* ***eine Gabel*** *und das ist* ***ein Messer****.*

Vertiefung

- Lassen Sie die Kinder die Gegenstände auf Karten malen und erstellen Sie daraus ein Memory-Spiel für den Gruppenraum. Achten Sie beim Spiel darauf, dass das Benennen der aufgedeckten Bilder im Vordergrund steht.

- 2 Löffel
- 2 Messer
- 2 Gabeln
- 2 Tassen
- 2 flache Teller
- 2 Suppenteller
- 2 Schüsseln
- 2 Gläser
- 2 Kannen
- 2 Untertassen
- 20 Schuhkartons
- 2 Schminkstifte in unterschiedlichen Farben
- Tisch
- Tischdecke
- Plakat und Stift
- evtl. Kerze und Hintergrundmusik
- 2 unterschiedliche Farben, um einen Punkt auf die Nase zu malen

Beachten Sie die Brandschutzbestimmungen in Ihrer Einrichtung.

30 | 20–25 | • •

Die kleine Hexe Kunterbunt

Lernerfahrungen
- Den Wortschatz zum Thema „Farben" entwickeln.
- Mehrwortsätze bilden.

- Schminkstifte in unterschiedlichen Farben
- Hexenhut und Zauberstab
- Teppichfliesen entsprechend der Anzahl der Kinder

Durchführung
- Schlüpfen Sie durch Aufsetzen des Zauberhuts in die Rolle der kleinen Hexe und begrüßen Sie die Kinder. Stellen Sie sich den Kindern als kleine Hexe Kunterbunt vor und erfragen deren Namen. So nehmen Sie Kontakt zu den Kindern in der veränderten Rolle auf.
- Erzählen Sie den Kindern, dass Sie ein Spiel mit ihnen durchführen möchten, zu dem Sie zunächst jedem Mitspieler Punkte in der jeweiligen Lieblingsfarbe ins Gesicht und auf den Handrücken zaubern müssen.
- Das mutigste Kind fängt an, darf sich eine Farbe wünschen und bekommt von der kleinen Hexe mit einem Schminkstift einige Punkte ins Gesicht und auf den Handrücken gemalt.
- Nun ist jedes Kind an der Reihe. Damit diese Phase nicht zu lange dauert, bitten Sie einige ältere Kinder, die kleine Hexe beim Punktzauber zu unterstützen.
- Um einen reibungslosen Spielverlauf zu sichern, achten Sie darauf, dass jede Farbe mindestens bei zwei Kindern eingesetzt wird.
- Bitten Sie die Kinder, sich mit einer Teppichfliese im Raum zu verteilen und sich auf diese zu setzen.
- Fordern Sie die Kinder auf, nacheinander die Farbe ihrer Punkte zu beschreiben: *Ich habe rote Punkte im Gesicht.* (Der Punkt auf der Handfläche dient zur Orientierung, die eigene, ausgewählte Farbe ersehen zu können.)
- Nachdem alle Kinder die Farbe ihrer Punkte benannt haben, stellt sich die kleine Hexe in die Mitte des Raumes und erklärt das Spiel:
- Bei folgendem Zauberspruch, der durch Schwingen des Zauberstabs Unterstützung findet, tauschen die Kinder den Platz, die Punkte in den genannten Farben in ihrem Gesicht, sprich auf ihrem Handrücken, haben:

  Hokus, Pokus, Hetze,
  Rot und Grün tauschen jetzt die Plätze,
  hex, hex!

  Bei dem Zauberspruch tauschen alle ihre Plätze.
- Versuchen Sie, an dieser Stelle auch eine Teppichfliese zu erlangen. Infolgedessen bleibt ein Kind ohne Sitzgelegenheit, bekommt die Hexenutensilien und darf den nächsten Zauberspruch in der Mitte des Raumes verkünden.
- Achten Sie beim Tauschen der Plätze darauf, ob die Kinder in der Lage sind, entsprechend der Farbe ihrer Punkte den Zaubersprüchen zu folgen.

Der Formentanz

30 | 15–20

Lernerfahrungen

- Die Benennung von Formen mit den entsprechenden Artikeln entwickeln.
- Mehrwortsätze bilden.

Vorbereitung

- Stellen Sie den CD-Player in eine Ecke des Raumes.
- Kleben Sie die unterschiedlichen Pappformen jeweils einmal mit möglichst großem Abstand an die Wände eines großen Raumes (Sporthalle). Die Gegenstücke legen Sie auf den Boden in die Nähe des CD-Players.

- CD-Player
- CD mit kindgerechter Tanzmusik
- unterschiedliche Formen, ausgeschnitten aus Pappe, jeweils zweimal

Durchführung

- Bitten Sie die Kinder in den vorbereiteten Raum und lassen Sie sie die einzelnen Formen an den Wänden benennen.
- Bitten Sie die Kinder, zur Musik zu tanzen. Wenn die Musik stoppt, heben Sie eine der Pappformen hoch und benennen sie. *Das ist* ***ein Quadrat****.*
- Nun fordern Sie die Kinder auf, so schnell wie möglich zu der entsprechenden Form an der Wand zu laufen. Wer als Letzter ankommt, scheidet aus. Der Gewinner des Spiels ist das Kind, das als letztes übrig bleibt.
- Ernennen Sie es zum nächsten „Formenhochhalter".
- Achten Sie darauf, dass die Kinder trotz des schnellen Spielverlaufs die Möglichkeit bekommen, die hochgehaltene Form zu benennen. *Das ist* ***ein Dreieck****.*
- Zu Beginn sollten Sie einige Proberunden durchführen, ohne dass jemand das Spiel verlassen muss. So hat jedes Kind einige Zeit mitgespielt und die Motivation bleibt erhalten.

Vertiefung

- Erstellen Sie mit den Kindern weitere Formen aus Pappe. Lassen Sie die Kinder diese, möglichst ohne Schablonen, aufmalen und ausschneiden. Klebt man alle ausgeschnittenen Formen auf ein großes Blatt, entsteht eine schöne Gemeinschaftsarbeit zur Dekoration im Gruppenraum. Besprechen Sie mit den Kindern die neu entstandenen Formen.

Die Zauberwürfel

Lernerfahrungen

- Den Wortschatz zum Thema „Tierarten" entwickeln.
- Mehrwortsätze bilden.
- Nomen im Singular und im Plural benennen.

- Kopiervorlage für Würfel (S. 51)
- Kleber
- Tierbilder von 18 unterschiedlichen Tierarten aus der Erfahrungswelt der Kinder
- Zauberhut und Zauberstab
- Bilderbuch: *Rübel, Doris: Tiere und ihre Kinder* (aus der Reihe: *Wieso? Weshalb? Warum?, Ravensburger)*

Vorbereitung

- Fotokopieren Sie dreimal die Würfelvorlage von S. 51. Bekleben Sie die einzelnen Würfelfelder mit den Tierbildern.
- Kleben Sie die Würfel zusammen.

Durchführung

- Verkleiden Sie sich als Zauberer und legen die drei Würfel in die Mitte eines Stuhlkreises, in dem die Kinder sitzen.
- Um die Sprechfreude der Kinder anzuregen, ist es wichtig, an dieser Stelle in der Rolle des Zauberers ein Gespräch mit den Kindern zu beginnen. Erklären Sie den Kindern, dass jeder Mensch, der den Zauberhut und den Zauberstab besitzt, in der Lage ist, alle anderen Menschen in Tiere zu verzaubern.
- Überreichen Sie einem Kind die besagten Zauberutensilien und bitten es, einen der drei Würfel in der Mitte des Kreises rollen zu lassen. Die beiden übrigen Würfel werden zur Seite gelegt.
- Fordern Sie das Kind auf, den Zauberstab zu schwingen und mit folgenden Worten entsprechend dem gewürfelten Tier die anderen Kinder zu verzaubern: *Hokus, Pokus, Fidibus, der Elefant liegt jetzt an meinem Fuß, und Ene, Mene, Mein, alle Kinder sollen Elefanten sein!*
- Bitten Sie die anderen Kinder, die entsprechende Tierart nachzuahmen und sich durch den Gruppenraum zu bewegen. Machen Sie selbst mit.
- Bitten Sie nun den Zauberer zu beurteilen, wer am besten nachahmt und fordern Sie ihn auf, diesem Kind die Zauberutensilien zu überreichen.
- Je nach Konzentrationsfähigkeit der Kinder wird das Spiel so lange fortgesetzt, bis jedes Gruppenmitglied einmal in die Rolle des Zauberers schlüpfen durfte.

Vertiefung

- Betrachten Sie in Kleingruppen mit den Kindern das Bilderbuch *Tiere und ihre Kinder*.
- Besuchen Sie mit den Kindern einen Bauernhof oder einen Zoo. So schaffen Sie die Möglichkeit, dass die Kinder die Tiere in der Natur und nicht nur auf Bildern oder in Büchern sehen.
- Machen Sie die Kinder bei Spaziergängen in der nahen Umgebung auf die verschiedenen Tiere aufmerksam, die ihnen begegnen. Solche Situationen bieten hervorragende Anreize zum Wiederholen und Anwenden neu erlernter Begriffe.

Im Garten ist ein Vogelnest

Lernerfahrungen

- Zahlwörter erlernen und anwenden.
- Satzstrukturen erweitern.
- Neu erlernte Vokabeln anwenden, wiederholen und festigen.

- kleines Trampolin
- 4 Turnmatten
- Vogel als Stofftier
- Würfel

Vorbereitung

- Stellen Sie das Trampolin in den Raum und sichern es mit Turnmatten ab.
- Setzten Sie das Stofftier auf das Trampolin.
- Legen Sie den Würfel etwa drei bis vier Meter von dem Trampolin entfernt auf den Boden.

Durchführung

- Bitten Sie die Kinder in den vorbereiteten Raum und lassen Sie den Vogel Piep zu ihnen sprechen. Die Kinder wollen ihm bestimmt erzählen, wie sie heißen oder wie alt sie sind. Dieser Impuls motiviert die Kinder zum Mitmachen.
- Piep erzählt den Kindern, dass er ein ganz kleiner Vogel ist und noch nicht fliegen kann. Seine Brüder und Schwestern haben fleißig geübt und sind bereits weggeflogen. Daher sitzt er jetzt immer alleine im Vogelnest und hat niemanden zum Spielen.
- Bitten Sie nun in der Rolle des Vogels die Kinder um Hilfe, das Fliegen zu erlernen. Fordern Sie die Kinder auf, durch den Raum zu fliegen.
- Nach einiger Zeit erklären Sie in der Rolle von Piep eine Aufgabe, die helfen soll, das Fliegen zu erlernen:
  Ein Kind nimmt Piep auf den Arm, stellt sich auf das Trampolin und fängt an zu springen. Die anderen Kinder setzen sich auf den Boden und beginnen reihum zu würfeln. Jedes gewürfelte Augenpaar muss benannt werden: *„Das ist* ***eine Drei.*** *“* oder *„Ich habe* ***eine Vier*** *gewürfelt.“*
  Wird eine Sechs gewürfelt, darf Piep mithilfe seines Trägers zum Abflug ansetzen und in hohem Bogen von der Matte springen. Nun werden die Plätze getauscht und das Kind, das die Sechs gewürfelt hat, darf mit Piep das Fliegen üben.
- Achten Sie während des Spielverlaufs darauf, dass die Kinder für das Benennen der gewürfelten Augenzahlen genügend Zeit haben.

Ähnliche Aktivitäten

- Fünf Männlein sind in den Wald gegangen (siehe S. 35)
- Fünf Bäume (siehe S. 36)
- Indianerhäuptling „Bunte Feder“ (siehe S. 106)

Die schnelle Fliege Lotta

verschiedene Motive aus Papier aus dem Bereich Garten, z. B.

- Vogel
- Blume
- Baum
- Biene
- Schmetterling
- Raupe
- Salat
- Radieschen
- Tomaten
- Papierstreifen, ca. 20 cm x 5 cm, je nach Anzahl der Kinder
- Klebstoff
- Augenbinde

Lernerfahrungen

- Den Wortschatz zum Thema „Garten" erweitern.
- Satzstrukturen erweitern.

Vorbereitung

- Basteln Sie aus den Papierstreifen Stirnbänder. Kleben Sie auf jedes Stirnband eines der Motive (siehe Materialien).
- Stellen Sie mit den Kindern einen Stuhlkreis. Achten Sie darauf, dass die Stühle eng aneinanderstehen.
- Legen Sie die Stirnbänder in die Mitte des Stuhlkreises.

Durchführung

- Lassen Sie die Kinder die Stirnbänder betrachten. Bitten Sie um die Beschreibung der einzelnen Motive, möglichst in ganzen Sätzen.
- Nun darf sich jedes Kind ein Stirnband aussuchen, es benennen und es sich auf den Kopf setzen. *Ich möchte* ***einen Schmetterling*** *haben.*
- Erklären Sie den Kindern, dass Sie mit ihnen das Spiel *Die schnelle Fliege Lotta* spielen möchten. Lotta ist eine neugierige Fliege, die in einem wunderschönen Garten lebt. Fragen Sie, wer von den Kindern die Fliege Lotta spielen möchte.
- Lotta bekommt nun die Augen verbunden und wird in der Mitte des Kreises vorsichtig gedreht. Nun bekommt die Fliege Lotta die Aufgabe, durch den Garten zu fliegen und irgendwo zu landen. Erklären Sie dem Kind, dass es sich nun zum Kreisrand tasten und sich bei einem anderen Kind auf den Schoß setzen muss. Dort angekommen, fordern Sie Lotta auf, zu erfragen, wo sie gelandet ist: *Wo bin ich gelandet?*
- Daraufhin muss das Kind, auf dem die Fliege gelandet ist, das Motiv seines Stirnbandes beschreiben: *Ich bin* ***ein Baum***. Lotta muss nun anhand der Stimme erraten, auf wessen Schoß sie sitzt.
- Wird richtig geraten, darf das Kind eine neue Fliege auswählen; ist falsch geraten worden, fliegt Lotta weiter zum nächsten Kind.
- Während des Angebots steht das Benennen der einzelnen Motive auf den Stirnbändern im Vordergrund. Achten Sie darauf, dass hierfür den Kindern genügend Ruhe und Zeit zum Nachdenken gegeben wird.

Vertiefung

Hängen Sie ein großes grünes Plakat an eine Wand. Lassen Sie die Kinder diese „Wiese" mit selbst gebastelten Dingen bepflanzen. Sicher finden auch viele Tiere hier ein Zuhause.
Bei dieser Aktivität steht nicht das Basteln, sondern die Beschreibung der erstellten Dinge im Vordergrund: *Ich bastle* ***eine Blume***.

Die gestohlenen Spielsachen

30 | 4–6

Lernerfahrungen
- Den Wortschatz zum Thema „Spielzeug" erweitern.
- Satzstrukturen erweitern.

Vorbereitung
- Legen Sie alle Spielsachen auf den Boden und verstecken Sie diese unter einer Decke.
- Das leere Regal stellen Sie gut sichtbar in den Raum.
- Die sechs Kartons verteilen Sie im Raum, davor legen Sie den Farbwürfel. Gegebenenfalls aus Vorlage S. 51 basteln.

- 6 große Kartons in unterschiedlichen Farben
- Farbwürfel, entsprechend den Farben der Kartons
- 20 unterschiedliche Spielsachen
- Polizeimütze
- leerer Schrank oder ein leeres Regal
- große Decke

Durchführung
- Setzen Sie sich die Polizeimütze auf und beginnen Sie ein Gespräch mit den Kindern in der Rolle einer Polizistin beziehungsweise eines Polizisten.
- Die Polizistin erklärt den Kindern, dass sie sich in einer schwierigen Situation befindet. Sie versucht im Moment Spielsachen wiederzufinden, die ein gefährlicher Spielzeugräuber gestohlen hat. Zur Unterstützung des Gesagten zeigt sie den Kindern das leere Spielzeugregal und bittet die Kinder um Mithilfe.
- Ziehen Sie nun sechs verschiedene Spielsachen unter der Decke hervor, zeigen Sie diese kurz den Kindern und lassen Sie sie dann unter den einzelnen Kartons verschwinden. Wichtig für den weiteren Spielverlauf ist, dass alle Kinder diesen Vorgang beobachten.
- Setzen Sie nun einem Kind die Mütze auf, ernennen es zum Polizisten oder zur Polizistin und bitten es zu würfeln.
- Je nach gewürfelter Farbe muss das Kind raten, welcher Gegenstand unter dem farblich gleichen Karton versteckt ist: *Hier ist **ein Ball** versteckt*.
- Dann bitten Sie das Kind, den Karton anzuheben und zu beschreiben, was tatsächlich unter dem Karton liegt. Hat das Kind den richtigen Gegenstand erraten, darf es diesen zum noch leeren Spielzeugregal bringen, einräumen und ist noch einmal an der Reihe.
- Ist falsch geraten worden, bitten Sie das Kind, den Karton wieder über die Spielsache zu stülpen. Fordern Sie alle Kinder auf, sich diesen Gegenstand gut zu merken. Nun wird die Mütze weitergegeben und der nächste Spieler kommt an die Reihe.
- Sind alle Spielsachen im Regal eingeräumt, schlüpfen Sie wieder in die Rolle des Polizisten und danken den Kindern für ihre Hilfe.

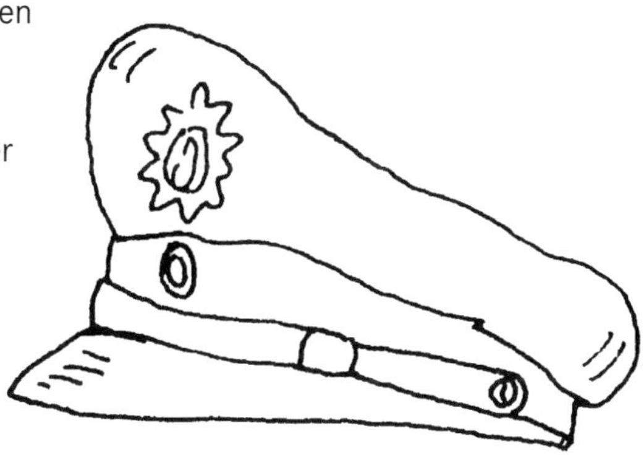

Vertiefung
- Lassen Sie die Kinder die Spielsachen auf kleine Pappkarten malen. Diese lassen sich gut mit bunten Joghurtbechern abdecken. Somit entsteht ein beliebtes Tischspiel und die Kinder bekommen die Gelegenheit, die neu erlernten Begriffe anzuwenden.

30 | 8–10

Der ängstliche Wecker

Lernerfahrungen

- Den Wortschatz zum Thema „Möbel" erweitern.
- Präpositionen erlernen und anwenden.
- Satzstrukturen erweitern.

- Wecker mit Weckfunktion, batteriebetrieben oder zum Aufziehen
- Papier
- Tesafilm und Schere

Vorsicht beim Umgang mit Scheren!

Vorbereitung

- Gestalten Sie eine bequeme Sitzecke.
- Geben Sie dem Wecker mithilfe von Tesafilm, Schere und Papier ein ängstliches Gesicht.
- Stellen Sie den Wecker so ein, dass der Alarm einsetzt, sobald Sie mit den Kindern den Raum betreten haben.

Durchführung

- Betreten Sie mit den Kindern den vorbereiteten Raum und machen Sie es sich mit ihnen in der Sitzecke bequem.
- Sobald der Alarm des Weckers einsetzt, lassen Sie die Kinder spekulieren, woher das Geräusch kommt.
- Fordern Sie die Kinder auf, dem Geräusch zu folgen, um zu erfahren, wodurch es ausgelöst wird.
- Sobald ein Kind den Wecker gefunden hat, betrachten Sie ihn in der Sitzecke und schlüpfen Sie in dessen „Rolle".
- Halten Sie den Wecker so, dass er die Kinder anschaut. Der Wecker ist fürchterlich ängstlich und weint. Er erzählt den Kindern, dass er große Angst vor den Menschen, besonders vor Kindern hat. Immer wenn er Kinder hört, versteckt er sich. Und dann geschieht meist das Gleiche. Sein Alarm geht los und die Menschen finden ihn.
- Lassen Sie die Kinder an dieser Stelle zu dem Wecker sprechen.
- Der Wecker fragt nach einiger Zeit die Kinder, ob sie Lust haben, ihm zu helfen, seine Angst zu verlieren. Er bittet ein Kind, vor die Türe zu gehen, damit er sich verstecken kann. Er erklärt, dass das Kind dann warten muss, bis er klingelt, ihn dann suchen und hochheben muss.
- Sobald das Kind den Raum verlassen hat, bittet der Wecker ein zweites Kind, ihn im Zimmer zu verstecken. Helfen Sie beim Einstellen des Alarms.
- Achten Sie an dieser Stelle darauf, dass das Versteck genau beschrieben wird: *Ich verstecke den Wecker* ***hinter dem Sofa***.
- Nun wird das vor der Türe wartende Kind hereingerufen. Fordern Sie es auf, bei Einsetzen des Alarms genau zu hören, woher das Geräusch kommt und den Wecker zu suchen.
- Ist die Suche erfolgreich, muss der Fundort, möglichst in einem vollständigen Satz, beschrieben werden: *Der Wecker liegt* ***auf der Heizung***.
- Je nach Motivation wird das Spiel fortgesetzt und jedes Kind darf den Wecker verstecken und suchen. Achten Sie auf möglichst unterschiedliche Verstecke. Somit werden die Kinder aufgefordert, verschiedene Präpositionen anzuwenden und Möbelstücke zu benennen.

Urlaubserlebnisse

30 | 4–6

Lernerfahrungen

▶ Präpositionen erweitern und vertiefen.

Vorbereitung

▶ Bereiten Sie eine große Freifläche so vor, dass die aufgezählten Materialien mit ausreichendem Abstand zueinander verteilt sind.

▶ Denken Sie sich einen Reiseverlauf aus, bei dem die Kinder viele Hindernisse überwinden müssen.

- Turnbank
- Sprossenwand
- Turnreifen + Ständer
- leeres Planschbecken
- große Schaumstoffwürfel

Durchführung

▶ Betreten Sie den Gruppenraum mit einem Koffer und fragen die Kinder, ob sie mit Ihnen verreisen möchten. Lassen Sie die Kinder das Reiseziel bestimmen.

▶ Steigen Sie pantomimisch in ein Auto, fordern Sie die Kinder auf, es Ihnen gleichzutun und „fahren“ Sie mit allen in den vorbereiteten Raum.

▶ Die Fahrt zum Reiseziel ist durch viele Hindernisse gekennzeichnet:
  - ▷ Fahren Sie mit den Kindern *über* eine Brücke (Turnbank).
  - ▷ Klettern Sie *auf* einen Aussichtsturm (Sprossenwand).
  - ▷ Fahren Sie *durch* einen Tunnel (Reifen in Ständer).
  - ▷ Springen Sie *in* einen See (Planschbecken).
  - ▷ Fahren Sie *unter* eine Brücke (Turnbank).
  - ▷ Fahren Sie *neben* einer Brücke (Turnbank).
  - ▷ Verstecken Sie sich *hinter* einer Mauer (zum Beispiel Wand aus Schaumstoffwürfeln).

▶ Hierbei sollten die Kinder einzeln und nacheinander ihr Handeln in Worte fassen: *Ich fahre **über** die Brücke.* oder *Ich klettere **auf** den Aussichtsturm.* Machen Sie es den Kindern bei jedem Hindernis vor.

▶ Beim nächsten Durchgang bitten Sie ein anderes Kind, die Rolle des Reiseleiters zu übernehmen und ein neues Ziel auszusuchen.

▶ Wiederholen Sie die Übung je nach Motivation der Kinder so häufig, dass jeder die Gelegenheit bekommt, in die Rolle des Reiseleiters zu schlüpfen.

Vertiefung

▶ Beim Spielen im Außengelände oder auf einem Spielplatz können Sie spontan eine weitere Reise beginnen. Die verschiedenen Spielgeräte lassen sich hervorragend zu Hindernissen umfunktionieren.

Variationen zum Angebot

▶ Lassen Sie die Kinder auf dem Bauteppich mit Bauklötzen, Lego- oder Duplosteinen eine Stadt aufbauen. Selbst gebaute Autos oder Menschen aus Lego machen sich nun auf den Weg. Hierbei ist es wichtig, das Gespräch so zu leiten, dass die Kinder motiviert werden, verschiedene Präpositionen anzuwenden.

30 | 4–6

Ich bin ich und wer bist du?

- je 2 Fotos von jedem Kind und jedem/r Mitarbeiterin der Gruppe
- je 2 Fotos von allen Jungen der Gruppe
- je 2 Fotos von allen Mädchen der Gruppe
- feste Pappe
- Klebstoff
- selbstklebende, durchsichtige Folie

! Vergewissern Sie sich bei den Erziehungsberechtigten der Kinder, ob Sie die Kinder fotografieren dürfen.

Lernerfahrungen

- Das Hilfsverb „sein“ im Präsens anwenden.
- Begrifflichkeiten „Junge“ und „Mädchen“ erlernen und anwenden.
- Satzstrukturen erweitern und vertiefen.

Vorbereitung

- Fotografieren Sie jedes Kind der Gruppe und lassen die Bilder doppelt entwickeln, sodass jedes Foto zweimal vorhanden ist.
- Fertigen Sie ein Gruppenfoto von allen Jungen der Gruppe, eins von allen Mädchen der Gruppe und lassen die Bilder doppelt entwickeln, sodass jedes Foto zweimal vorhanden ist.
- Kleben Sie alle Bilder auf Pappe und beziehen Sie diese mit durchsichtiger, selbstklebender Folie. Die Fotos halten auf diese Weise länger und können vielfältig eingesetzt werden.

Durchführung

- Legen Sie die Fotos der an dem Angebot teilnehmenden Kinder aufgedeckt auf einen Tisch und lassen Sie sie diese einige Minuten betrachten.
- Nehmen Sie nun Ihr eigenes Foto vom Tisch, halten es so, dass es für alle Kinder sichtbar ist und beschreiben das Bild: *Das **bin** ich*. Dann nehmen Sie sich ein anderes Foto und beschreiben auch dieses Bild: *Du **bist** ein **Junge**. Du heißt Metin.* Dabei schauen Sie das entsprechende Kind an. Oder: *Das **ist** Kim, sie ist ein **Mädchen**.*
- Achten Sie bei der Beschreibung der Gruppenbilder auf die richtige Formulierung: *Ihr **seid** Jungen. Ihr heißt Metin, John, Sebastian und Albin.*
- Dieser Vorgang wird so lange wiederholt, bis alle Kinder einmal an der Reihe waren.
- Legen Sie nun alle Karten in doppelter Ausfertigung verdeckt auf den Tisch und motivieren die Kinder zu einem Spiel nach den bekannten Memory-Regeln. Hierbei steht die Beschreibung der einzelnen Bilder im Vordergrund.

Vertiefung

- Legen Sie alle Fotos in eine von den Kindern gestaltete Kiste in einen Spielschrank im Gruppenraum. Dann haben alle Kinder die Möglichkeit, während des Freispiels das Spiel zu wiederholen. Vermitteln Sie auch hier die Spielregeln so, dass die Beschreibung der Bilder einen hohen Stellenwert bekommt.

Variationen

- Lassen Sie alle Fotos nur einfach entwickeln und dekorieren mit Unterstützung der Kinder eine Wand im Gruppenraum. Durch das Betrachten der Fotowand werden die Kinder aufgefordert, die zu erlernenden Begriffe anzuwenden und einzuüben.

Ich bin Busfahrer

30

Lernerfahrungen

- Adjektive als Teil des Prädikats kennenlernen.
- Steigerung des Adjektivs kennenlernen.
- Satzstrukturen erweitern und vertiefen.

Vorbereitung

- Verteilen Sie die Bildkarten so im Raum, dass die eine Hälfte der Bildpaare in einem Korb, die entsprechenden Gegensätze auf dem Boden ihren Platz finden.
- Achten Sie darauf, dass die Karten auf dem Boden so viel Abstand zueinander haben, dass die Kinder problemlos mit dem Rollbrett hindurchfahren können.
- Den Korb, den leeren Rucksack und das Rollbrett stellen Sie vor die aufgebaute Bushaltestelle.

Durchführung

- Erzählen Sie den Kindern eine Geschichte von dem Busfahrer Yusuf, der während seiner letzten Busfahrt vergessen hat, den Kofferraum zu schließen und nun viele Dinge verloren hat.
- Betreten Sie mit den Kindern den vorbereiteten Raum, gehen zur Bushaltestelle und erklären den Kindern, dass die verteilten Bildkarten auf dem Boden die verlorenen Dinge von Yusuf sind.
- Legen Sie sich mit dem Bauch auf das Rollbrett und demonstrieren den Kindern, wie sie Yusuf beim Einsammeln der Gegenstände helfen können.
- Zunächst zieht das Kind, das den Bus (Rollbrett) steuert, eine Karte aus dem Korb, beschreibt diese, fährt durch die Turnhalle an allen Karten vorbei und sucht die entsprechende Karte, die im Gegensatz zu der bereits beschriebenen steht. Hat es diese gefunden, besteht die Aufgabe wiederum in der Beschreibung des Bildes. Beide Karten des jeweiligen Gegensatzpaares werden in Yusufs Rucksack an der Haltestelle gepackt. Bis alle Karten eingesammelt sind, darf nun jedes Kind abwechselnd in die Rolle des Busfahrers oder der Busfahrerin schlüpfen.
- Motivieren Sie die Kinder während der Beschreibung der Bilder durch gezielte Fragestellungen, in vollständigen Sätzen zu sprechen: *Der Tisch ist **rund**; der Tisch ist **eckig**.* Oder: *Die Hose ist **klein**; die Hose ist noch **kleiner**.*

Vertiefung

- Überlegen Sie mit den Kindern, welche Dinge der Busfahrer Yusuf außerdem verloren haben könnte.
- Lassen Sie die Kinder eigene Bilder malen, auf denen Gegensätze abgebildet sind, und erstellen damit ein Kartenspiel (nach den Spielregeln von „Schwarzer Peter“) für den Gruppenraum. Hierbei sollte das Beschreiben der eigenen Zeichnung und nicht das Malen im Vordergrund stehen.

- Rollbrett
- Rucksack
- Korb
- selbst gestaltete Bilder mit ca. 15 Gegensatzpaaren aus dem Lebensumfeld der Kinder (z. B. volle Flasche, leere Flasche), oder ein entsprechendes Spiel (z. B. *Dick und dünn* von *Lingo Play)*
- Bushaltestellenschild (entsprechend gestalteter Besenstil)

45 | 4–6

Fred, der Feuerwehrmann

- Sprossenwand
- 1 Eimer mit Wasser
- 6 leere Eimer
- Kordel zum Befestigen des Eimers an der Sprossenwand
- leere Wanne
- 2 Becher
- Tisch und 2 Stühle
- Eieruhr
- Aufnehmer
- Handpuppe als Feuerwehrmann verkleidet

Lernerfahrungen

- Präpositionen erlernen und anwenden.
- Bei Wettspielen mit Wasser kommt es meist zu nassen Stellen auf dem Boden. Verhindern Sie die entstehende Rutschgefahr, indem Sie regelmäßig mit den Kindern den Boden trocken wischen. Auch die einzelnen Sprossen der Sprossenwand sollten in regelmäßigen Abständen überprüft und eventuell abgetrocknet werden.

Vorbereitung

- Binden Sie den mit Wasser gefüllten Eimer an der obersten Sprosse und an der äußersten Stelle der Sprossenwand fest.
- Die leere Wanne stellen Sie unter den Eimer.
- In die Wanne und in den Eimer legen Sie jeweils einen Becher.
- An eine andere Stelle im Raum bauen Sie Tisch und Stühle so auf, dass die leeren Eimer *unter, über, auf, neben, zwischen, vor* und *hinter* den Möbelstücken ihren Platz bekommen.
- Die Eieruhr positionieren Sie gut sichtbar im Raum.
- Kopieren Sie die Bilder von S. 97 vergrößert. Kleben Sie sie auf Pappkarten, die am besten laminiert werden sollten.

Durchführung

- Lassen Sie die Handpuppe zu den Kindern sprechen.
- Zeigen Sie den Kindern den vorbereiteten Spielbereich, nehmen die Handpuppe auf und schlüpfen in die Rolle des Feuerwehrmannes.
- Um Kontakt aufzubauen und die Kinder zum Sprechen zu motivieren, stellt die Handpuppe sich den Kindern vor und erfragt ihren Namen: *Ich bin Fred, der Feuerwehrmann, und wer seid ihr?*
- Die Handpuppe erfragt die Berufswünsche der Kinder und erklärt, dass sie wissen möchte, wer von ihnen der schnellste Feuerwehrmann werden kann. Um das herauszufinden, möchte Fred ein Wettspiel mit den Kindern machen.
- Nun werden die Kinder aufgefordert, einzeln und nacheinander die Sprossenwand hinaufzuklettern. Oben angekommen, zeigt Fred ein Bild, auf dem ein Eimer und ein Möbelstück zu sehen sind. Das Kind muss nun das Bild beschreiben: *Der Eimer steht* ***unter*** *dem Tisch* oder *Der Eimer steht* ***zwischen*** *den Stühlen.*
- Ist die Karte richtig beschrieben worden, gibt Fred ein Startzeichen und das Kind darf vorsichtig einen Becher Wasser aus dem Eimer in die Wanne schütten. Nachdem es dann die Sprossenwand wieder herabgeklettert ist, muss es den Becher in der Wanne mit Wasser füllen und dieses in den Eimer schütten, der auf der abgebildeten Karte zu Beginn des Spiels beschrieben worden ist.
- Ziel des Spiels ist es, möglichst viel Wasser in der Zeit zu transportieren, in der die Eieruhr läuft.

- Das Kind mit der größten transportierten Wassermenge wird von Fred zum Feuerwehrmann ernannt und hat das Spiel gewonnen.
- Achten Sie während des Spiels darauf, dass das Erlernen und Anwenden der Präpositionen im Vordergrund steht.

Vertiefung

- Wiederholen Sie das Wettspiel, indem sich jedes Kind einen neuen Spielpartner aus der Gesamtgruppe aussucht und die Spielregeln vermittelt. Hierbei werden die Kinder in die Situation gebracht, die neu erlernten Vokabeln zu wiederholen.

Variationen

- Erstellen Sie mit den Kindern ein Memory entsprechend den bereits von Ihnen gestalteten Bildern für das Wettspiel. Beim Erstellen und beim anschließenden Spiel ist es wichtig, darauf zu achten, dass die Kinder die jeweiligen Bilder in vollständigen Sätzen beschreiben: *Der Eimer steht hinter dem Tisch.*
- Kopien der erstellten Memorys können Eltern motivieren, mit ihren Kindern gemeinsam zu Hause zu spielen.

Ähnliche Aktivitäten

- Zappellied (siehe S. 49)
- Der ängstliche Wecker (siehe S. 92)
- Urlaubserlebnisse (siehe S. 93)
- Das Nachtgespenst (siehe S. 103)
- Wir decken den Geburtstagstisch ein (siehe S. 123)
- Gemeinsames Aufräumen (siehe S. 130)

30 | 20–25

Fips, der Mondgeist

Lernerfahrungen

- Die Begriffe „Junge“ und „Mädchen“ erlernen und anwenden.
- Einsatz des Hilfsverbs „sein“ erlernen und anwenden.
- Festigen der Zahlen von 1 bis 10.
- Satzstrukturen erweitern und vertiefen.

- Stühle entsprechend der Anzahl der Kinder
- Handpuppe „Außerirdischer“

Durchführung

- Setzen Sie sich mit den Kindern in einen Stuhlkreis. Erzählen Sie den Kindern, dass Sie mit ihnen zum Mond fliegen möchten.
- Erklären Sie, dass nun alle in eine Rakete steigen. Fordern Sie die Kinder auf, zunächst mit den Händen auf die Oberschenkel zu klopfen. Erst ganz leise, dann immer lauter. Dabei zählen Sie mit den Kindern bis 10. Bei 5 beginnen alle auch noch laut mit den Füßen auf den Boden zu trampeln. Das Raketenspiel ist bei den Kindern sehr beliebt. Landen Sie daher erst nach einigen Versuchen auf dem Mond.
- Dort angekommen, steigen alle ganz vorsichtig aus der Rakete aus, gespannt, was sie nun erwartet. Schleichen Sie mit den Kindern vorsichtig im Stuhlkreis umher, nehmen die Handpuppe auf und schlüpfen in die Rolle von Fips, dem Mondgeist.
- Fips ist ganz erschrocken, da er noch nie zuvor Kinder gesehen hat. Er fragt, was sie hier machen und wo sie herkommen.
- Fips bittet die Kinder, sich hinzusetzen und sich ihm einzeln vorzustellen. Da er gar nicht genau weiß, was Kinder sind, möchte er natürlich auch wissen, wer von ihnen ein Mädchen oder ein Junge ist.
- Fips wird nun im Kreis herumgereicht und jedes Kind, das ihn in den Händen hält, stellt sich ihm vor: *Ich* ***bin Djelza*** *und ich* ***bin ein Mädchen*** oder *Ich* ***bin John****, ich* ***bin ein Junge****.*
- Fips kann sich nicht alles auf einmal merken. Er geht zu den einzelnen Kindern hin und bittet sie um eine neue Vorstellung*: Wer* ***bist*** *du?* oder ***Bist*** *du* ***ein Mädchen****?* Hierbei darf jedes Kind einmal die Rolle von Fips übernehmen.
- Ist Fips endlich in der Lage, sich alle Namen zu merken, müssen die Kinder zurück zum Kindergarten fliegen, da sie bald von ihren Eltern abgeholt werden. Starten Sie mit den Kindern den Rückflug mit der Rakete und landen wieder auf der Erde.
- Achten Sie während des Angebots darauf, dass die Kinder genügend Zeit und Ruhe zur Vorstellung ihrer Person haben.

Vertiefung

- Beim nächsten Raketenflug kann Fips die Kinder bitten, Bilder von sich zu malen und sie ihm zu erklären.

Ähnliche Aktivitäten

- Ich bin ich und wer bist du? (siehe S. 94)
- Der fliegende Teppich macht glücklich (siehe S. 102)
- Der Wetterkönig (siehe S. 109)

Die Hexe Pulli

45 20–45

Lernerfahrungen

- Den Wortschatz zum Thema „Kleidung" erweitern und vertiefen.
- Satzstrukturen erweitern und vertiefen.

Hexenbesen

Durchführung

- Betreten Sie mit dem Hexenbesen in der Rolle der Hexe Pulli den Stuhlkreis. Stellen Sie sich den Kindern vor und erfragen deren Namen. Somit nehmen Sie Kontakt mit den Kindern in der neuen Rolle auf und motivieren sie zum Sprechen.
- Erzählen Sie den Kindern, dass Sie „Pulli" genannt werden, weil Sie in der Lage sind, Kleidungsstücke zu verzaubern. Um dies vorzuführen, fragen Sie, wer bereit ist, den Raum zu verlassen.
- Jetzt sprechen Sie den Zauberspruch: *Ene, Mene, Mind, gib* ***den Pullover*** *diesem Kind.* Verleihen Sie dem Zauberspruch Wirkung, indem Sie mit dem Hexenbesen zunächst auf das Kind zeigen, das den Pulli abgeben und dann auf das Kind zeigen, das den Pulli anziehen soll.
- Verzaubern Sie in dieser Form fünf Kinder. Hierbei können auch Haarspangen, Schuhe, Gürtel, Brillen, Hosen oder Jacken zu einem neuen Besitzer gezaubert werden.
- Nun rufen Sie das Kind herein, das zuvor den Raum verlassen hat und erklären ihm, dass ihre Zauberkraft sehr stark gewesen ist und fünf Kleidungsstücke verzaubert worden sind. Fordern Sie das Kind auf, alle Gruppenmitglieder genau zu beobachten, um herauszufinden, welche Kleidungsstücke verzaubert wurden: ***Der Pullover*** *ist von Susanne.* ***Die Haarspange*** *gehört Nadine.*
- Sind alle verzauberten Kleidungsstücke wieder gefunden worden, überreichen Sie dem Kind den Hexenbesen zum Dank. Somit wird die Zauberkraft übertragen und eine neue Spielrunde kann beginnen.
- Achten Sie darauf, dass die Kinder genügend Zeit zum Benennen der Kleidungsstücke haben.

Vertiefung

- Legen Sie Verkleidungssachen in die Mitte des Kreises. Zwei Kinder müssen nun um die Wette die gleiche Anzahl von Kleidungsstücken anziehen. Wer schafft es am schnellsten? Dann müssen die Kinder möglichst in vollständigen Sätzen beschreiben, was sie angezogen haben.

Der Purzelbaumgarten

- gebastelte Blumen in unterschiedlichen Farben, Formen, Größen und Oberflächen
- blaue Turnmatte
- Handpuppe in der Rolle einer Großmutter
- Blumenvase

Lernerfahrungen

- Adjektive zur Beschreibung von Größe, Form oder Oberfläche erweitern und vertiefen.
- Satzstrukturen erweitern und vertiefen.

Vorbereitung

- Verteilen Sie die Blumen in einer Hälfte des Raumes, in die andere stellen Sie die Blumenvase.
- In die Mitte des Raumes legen Sie eine Turnmatte.

Durchführung

- Zeigen Sie den Kindern den vorbereiteten Spielbereich, nehmen die Handpuppe auf und schlüpfen in die Rolle der Großmutter.
- Um Kontakt aufzubauen und die Kinder zum Sprechen zu motivieren, stellt die Handpuppe sich den Kindern vor und erfragt deren Namen.
- Die Handpuppe erzählt, dass es einen Garten mit wunderschönen Blumen gibt. Einige dieser Blumen würde sie gerne in ihre Blumenvase auf dem Küchentisch stecken. Leider ist der Garten verzaubert und man gelangt nur hinein, indem man einen Purzelbaum macht. Da sie dazu leider zu alt ist, bekommt sie keine der schönen Blumen. Daher benötigt sie die Hilfe der Kinder.
- Nun werden die Kinder aufgefordert, einzeln und nacheinander einen Purzelbaum zu machen und auf Wunsch der Großmutter eine entsprechende Blume zu pflücken: *Ich wünsche mir eine **kleine** Blume. Ich wünsche mir eine **größere** Blume. Ich wünsche mir eine **weiche** Blume, ich wünsche mir eine **dicke** Blume.*
- Fordern Sie die Kinder auf, die gepflückte Blume zu beschreiben und in Großmutters Vase zu stellen: *Das ist eine **kleine** Blume.*
- Sind alle Blumen gepflückt, erfragen Sie, ob eines der Kinder die Rolle der Großmutter übernehmen möchte.

Vertiefung

- Während des Freispiels können Sie den Kindern das Angebot machen, Blumen aus unterschiedlichen Materialien in verschiedenen Größen zu basteln. Während der Aktivität sollte das Benennen der Eigenschaften, möglichst eingebaut in einen vollständigen Satz, im Vordergrund stehen.

Der Pirat Zehnauge

30 | 4–6

Lernerfahrungen

- Den Gebrauch von Verben zur Beschreibung von Tätigkeiten aus dem Lebensumfeld der Kinder erweitern und vertiefen.
- Satzstrukturen erweitern und vertiefen.

- Sprossenwand
- Fernglas, erstellt aus einer leeren Küchenrolle
- schwarzer Schminkstift
- Bilder von Piraten
- Piratentuch

Vorbereitung

- Erstellen Sie aus einer leeren Küchenrolle ein Fernglas und hängen es oben an die Sprossenwand.
- Legen Sie den schwarzen Schminkstift bereit.
- Dekorieren Sie die Piratenbilder an einer Wand im Raum.

Durchführung

- Betreten Sie mit den Kindern den vorbereiteten Raum und betrachten Sie mit ihnen die Piratenbilder.
- Erzählen Sie den Kindern eine Geschichte über den Piraten Zehnauge. Der Pirat hat diesen Namen aufgrund seiner guten Augen bekommen. Er kann so gut schauen wie zehn Piraten zusammen. Deshalb wird er Pirat Zehnauge genannt.
- Lassen Sie jedes Kind einmal in die Rolle von Zehnauge schlüpfen, indem es das Piratentuch anzieht, die Sprossenwand heraufklettert und durch das Fernglas in die Weite schaut.
- Wenn alle an der Reihe waren, bitten Sie ein Kind, in der Rolle des Piraten Zehnauge vor der Türe zu warten.
- Den anderen Kindern erklären Sie, dass gemeinsam eine Tätigkeit überlegt werden muss, die dem Piraten pantomimisch dargestellt wird.
- Haben sich alle auf eine Tätigkeit geeinigt, wird Pirat Zehnauge hereingerufen, klettert auf sein Schiff und schaut durch das Fernglas.
- Nun beginnen alle Kinder mit der pantomimischen Darstellung. Pirat Zehnauge beobachtet die Kinder und beschreibt dann, was er durch sein Fernglas sieht: *Die Kinder **tanzen*** oder *Die Kinder **spielen** Fußball.*
- Liegt Pirat Zehnauge mit seiner Vermutung richtig, bekommt er zur Belohnung einen Bartstoppel ins Gesicht gemalt.
- Abwechselnd schlüpft nun jedes Kind in die Rolle des Piraten. Das Kind mit den meisten Bartstoppeln ist Gewinner des Spiels.
- Achten Sie während des Spielverlaufs darauf, dass genügend Zeit zum Beschreiben der pantomimischen Darstellung der Kinder bleibt.

Vertiefung

- Gestalten Sie in einer Ecke der Einrichtung ein Piratenschiff. So bekommen die Kinder die Möglichkeit, während des Freispiels in die Rolle des Piraten zu schlüpfen, und sie werden beim Schauen durch das Fernglas zum Sprechen motiviert.

Der fliegende Teppich macht glücklich

- Fotos von Kindergesichtern, auf denen sie unterschiedlichste Gefühlslagen pantomimisch darstellen. Damit die Fotos lange halten, ist es ratsam, sie mit selbstklebender, durchsichtiger Folie zu beziehen.
- leere Kiste mit möglichst kindgerechter, ansprechender Wirkung
- Teppich, auf dem 10 Kinder Platz finden

Lernerfahrungen

- Den Gebrauch von Adjektiven zur Beschreibung von Gefühlen erweitern und vertiefen.
- Satzstrukturen erweitern und vertiefen.
- Die Konjugation des Hilfsverbs *sein* erlernen.

Vorbereitung

- Legen Sie den Teppich auf den Boden. Darauf legen Sie die Fotos und die Kiste.

Durchführung

- Lassen Sie die Kinder eine Zeit lang die Bilder betrachten. Dann kommen alle Fotos in die Kiste.
- Bitten Sie die Kinder, abwechselnd ein Foto aus der Kiste zu ziehen und es, wenn möglich in vollständigen Sätzen, zu beschreiben: *Das ist Selma. Selma* ***ist wütend.***
- Sind alle Fotos beschrieben, erklären Sie den Kindern, dass Sie nun mit ihnen mit einem fliegenden Teppich in verschiedene Länder reisen werden. Folgende Reiseziele sind möglich: Das Land der Traurigen, das Land der Lustigen, das Land der Fröhlichen, das Land der Wütenden, das Land der Glücklichen.
- Setzen Sie sich mit den Kindern auf den fliegenden Teppich. Abwechselnd darf das Reiseziel bestimmt werden. Der Flug mit dem Teppich sollte sehr bewegungsintensiv sein. Moderieren Sie den Flug, zum Beispiel: *Wir fliegen rechts herum, links herum, ganz steil nach oben, dann müssen wir stark bremsen, hoffentlich fällt niemand von unserem Teppich herunter.*
- Im geplanten Land angekommen, fordern Sie die Kinder einzeln auf, vom fliegenden Teppich zu steigen, in die unterschiedlichen Rollen der entsprechenden Landsleute zu schlüpfen und diese zu benennen: *Ich* ***bin fröhlich***. Lassen Sie die Kinder eine Zeit lang das Gesagte pantomimisch darstellen.
- Dann setzen sich wieder alle Reisenden auf den fliegenden Teppich, ein neues Reiseziel wird überlegt und der nächste turbulente Flug kann beginnen.

Vertiefung

- Dekorieren Sie die Fotos der Kinder im Gruppenraum. So werden die Kinder motiviert, über die Bilder zu sprechen und wenden die neu erlernten Vokabeln an.
- Bieten Sie den fliegenden Teppich den Kindern als Spielmöglichkeit während des Freispiels an.
- Lassen Sie die Bilder doppelt entwickeln und erstellen daraus ein Memory-Spiel für den Gruppenraum.

Das Nachtgespenst

Lernerfahrungen

- Den Gebrauch von Präpositionen erlernen.
- Satzstrukturen erweitern und vertiefen.

Vorbereitung

- Verteilen Sie die Stühle gleichmäßig im Raum.
- Dunkeln Sie den Raum so ab, dass er ohne künstliche Lichtquelle ganz dunkel ist.
- Die Taschenlampe postieren Sie in der Nähe des Lichtschalters.
- Erfassen Sie die Kinder, die bei der Anwendung der Präpositionen Schwierigkeiten haben.

- weiße Herrenhemden oder Bettlaken entsprechend der Anzahl der Kinder
- Stühle entsprechend der Anzahl der Kinder
- Taschenlampe
- abgedunkelter Raum

Durchführung

- Verkleiden Sie sich mit den Kindern als Gespenst und spuken Sie mit ihnen in den vorbereiteten Raum, in dem das Licht brennen sollte.
- Bitten Sie jedes Kind, sich auf einen Stuhl zu setzen.
- Erzählen Sie den Kindern, dass sie sich gerade in einer Gespensterschule befinden und Sie das Nachtgespenst sind. Sie möchten den kleinen Gespenstern das Spuken beibringen.
- Damit sich die Kinder an Sie in der Rolle des Nachtgespenstes gewöhnen, beginnen Sie ein kurzes Gespräch mit den kleinen Gespenstern.
- Erklären Sie den Kindern, dass Gespenster nur im Dunkeln spuken können. Schalten Sie das Licht aus und rufen den Kindern den ersten Spukbefehl zu: *Alle Gespenster spuken* ***unter*** *den Stuhl.*
- Nach einiger Zeit strahlen Sie mit der Taschenlampe jedes Gespenst an, um zu sehen, ob es richtig gespukt hat. Fragen Sie jedes Kind, wo es sich befindet und räumen Sie für die Antwort genügend Zeit ein: *Ich liege* ***unter*** *dem Stuhl.*
- Nun kann die Rolle des Nachtgespenstes von jedem der teilnehmenden Kinder übernommen werden.

Vertiefung

- Erstellen Sie mit den Kindern ein Dominospiel für den Gruppenraum. Lassen Sie die Kinder kleine Gespenster *auf, neben, hinter, vor, unter* einem Stuhl malen. Während der Aktivität sollte das Beschreiben der eigenen Zeichnungen im Vordergrund stehen.

Ähnliche Aktivitäten

- Zappellied (siehe S. 49)
- Der ängstliche Wecker (siehe S. 92)
- Urlaubserlebnisse (siehe S. 93)
- Fred, der Feuerwehrmann (siehe S. 96)
- Wir decken den Geburtstagstisch ein (siehe S. 123)
- Gemeinsames Aufräumen (siehe S. 130)

45 4–6

Meine Familie und ich

Lernerfahrungen

- Den Wortschatz zum Thema „Familie“ erweitern und vertiefen.
- Possessivpronomen zur Beschreibung der Familienverhältnisse erlernen.

Vorbereitung

- Bitten Sie die Kinder, unterschiedliche Familienfotos mitzubringen. Erklären Sie den Eltern, dass diese Bilder zum Basteln verwendet werden.
- Gestalten Sie einen Bilderrahmen mit Ihren eigenen Familienfotos.
- Bereiten Sie einen Arbeitstisch mit Kleber, Scheren und den mitgebrachten Fotos der Kinder vor.

- von den Kindern bereits gestaltete Holzbilderrahmen, entsprechend der Anzahl der Kinder
- Familienfotos der Kinder
- Klebstoff
- Schere

! Vorsicht beim Umgang mit den Scheren.

! Vergewissern Sie sich, dass Sie die privaten Fotos der Kinder für Ihre Aktivität benutzen dürfen.

Durchführung

- Erzählen Sie den Kindern von Ihrer Familie und beschreiben Sie den von Ihnen gestalteten Bilderrahmen. Achten Sie darauf, hierbei in kurzen, aber vollständigen Sätzen zu sprechen und möglichst viele der Zielsetzung entsprechenden Vokabeln anzuwenden: *Auf dem Bild seht ihr **eine Frau**. Das ist **meine Oma**. Neben ihr steht **ihr Mann**. Das ist **mein Opa**.*
- Bitten Sie nun die Kinder der Reihe nach, ihre mitgebrachten Fotos zu beschreiben. Versuchen Sie durch gezieltes Fragen die Kinder zum Anwenden der zu erlernenden Begriffe zu motivieren: *Wer ist das? Zu wem gehört dieses Kind?*
- Ermuntern Sie die Kinder, den Bilderrahmen mit den beschriebenen Fotos zu füllen und zu gestalten. Lenken Sie die Gespräche in dieser Phase so, dass die neu erlernten Begriffe ihre Anwendung finden.
- Hängen Sie zusammen mit den Kindern die fertig gestalteten Bilderrahmen an einer Wand im Gruppenraum auf.

Vertiefung

- Fordern Sie die Kinder auf, im Stuhlkreis der restlichen Gruppe die erstellten Bilderrahmen zu beschreiben.

Variationen zum Angebot

- Laden Sie mit den Kindern alle Familienmitglieder der Gruppe zu Kakao und Kuchen in die Einrichtung ein. Hierbei können die Kinder ihre Verwandten den anderen Anwesenden vorstellen.

Interview im Kinderkanal

45 | 6–8

Lernerfahrungen

- Notwendige Nomen mit entsprechenden Artikeln, Verben und Adjektiven zur Beschreibung der eigenen Person erlernen.
- Satzstrukturen erweitern und vertiefen.

Vorbereitung

- Stellen Sie den Rekorder mit eingelegter, zurückgespulter Kassette auf einen Tisch.

- Rekorder mit Aufnahmefunktion, wenn möglich mit Mikrofon
- Leerkassette
- Verlängerungskabel, wenn nötig
- Spiel: *Wer ist es? (MB)*

Durchführung

- Setzen Sie sich mit den Kindern an den vorbereiteten Tisch und erfragen Sie die Erfahrungen der Kinder mit einem Kassettenrekorder. Sind diese sehr gering, zeigen Sie den Kindern die Möglichkeit des Aufnehmens.
- Geben Sie den Kindern an dieser Stelle genügend Zeit zum Experimentieren. Jedes Kind sollte die Möglichkeit bekommen, einige Geräusche zu machen, diese aufzunehmen und anzuhören.
- Bitten Sie nun die Kinder, sich vorzustellen und ihr Äußeres zu beschreiben. Je nach Fähigkeiten der Kinder kann auch das Lieblingsspiel oder der beste Freund beschrieben werden. Um den weiteren Spielverlauf zu sichern, ist es wichtig, darauf hinzuweisen, dass kein Kind seinen Namen nennen darf.
- Beginnen Sie damit, Ihre Person zu beschreiben und dieses durch den Rekorder aufzunehmen. Somit wird die Aufgabe für die Kinder verständlicher.
- Nun ist der Mutigste an der Reihe. Um eine klare Aufnahme sicherzustellen, achten Sie darauf, dass das Kind nahe genug am Mikrofon steht und alle Zuschauer leise sind.
- Reihum bekommt nun jedes Kind die Gelegenheit zur Aufnahme: *Ich bin ein Junge. Ich habe blonde Haare. Ich komme bald in die Schule. Mein bester Freund heißt Michael.*
- Geben Sie nun den Kindern die Gelegenheit, die bespielte Kassette anzuhören. Sind alle mit ihrem Werk zufrieden, wird es der Gesamtgruppe vorgespielt. Von dieser müssen die Interpreten aufgrund der Beschreibung und des Klangs der Stimme erraten werden.

Variationen zum Angebot

- *Wer ist es?* ist ein Fragespiel der Firma MB, bei dem die Aufgabe darin besteht, verschiedene Merkmale von unterschiedlichen Personen wahrzunehmen und zu beschreiben.

Indianerhäuptling „Bunte Feder“

- Abbildungen von Gegenständen, Tieren, oder Lebensmitteln in der Einzahl sowie in der Mehrzahl, z. B. ein Bild mit einer Kuh und ein Bild mit vielen Kühen. Wer die Bilder nicht selbst erstellen möchte, findet bei der Firma *LingoPlay* das Spiel *Pluralo*, das solche Abbildungen enthält.
- Rollbrett
- leerer Schuhkarton
- Wolle
- bunte Federn
- Stöcke und eine Taschenlampe zum Nachbau eines Lagerfeuers
- bunte Schminkstifte und Spiegel

Lernerfahrungen

- Die Pluralbildung von Nomen erlernen.
- Zahlwörter von eins bis zehn erlernen, anwenden und einüben.
- Satzstrukturen erweitern und vertiefen.

Vorbereitung

- Binden Sie den leeren Schuhkarton mit der Wolle als Anhänger an das Rollbrett.
- Legen Sie Schminkstifte und Spiegel bereit.
- Verteilen Sie alle Mehrzahlbilder so im Raum, dass die Möglichkeit besteht, mit dem Rollbrett hindurchzufahren.
- Bauen Sie in einer Ecke des Raumes aus den Stöcken ein Lagerfeuer und strahlen Sie es durch die Taschenlampe an. Dunkeln Sie den Raum ab.
- Daneben legen Sie verdeckt die Einzahlbilder.

Durchführung

- Durch eine „Kriegsbemalung“ und eine Feder im Haar werden Sie zum Indianer und begleiten die Kinder in den vorbereiteten Raum. Setzen Sie sich mit den Kindern um das Lagerfeuer. Um die Sprechfreude der Kinder anzuregen, ist es wichtig, an dieser Stelle ein Gespräch als Indianerhäuptling „Bunte Feder“ mit den Kindern zu beginnen.
- Erklären Sie den Kindern, dass heute bei den Indianern großer Einkaufstag ist, aber ganz viele Stammesmitglieder erkrankt sind. Deshalb brauchen Sie die Hilfe der Kinder.
- Wer seine Bereitschaft zur Mithilfe erklärt, darf sich zunächst einmal zum Indianer schminken.
- Erklären Sie nun den Kindern die Einkaufsliste. Dazu lassen Sie die Kinder abwechselnd die Einzahlbilder aufdecken und benennen: *Das ist* ***eine Uhr***.
- Bitten Sie nun ein Kind mit dem Kanu (Rollbrett) zum Einkaufen zu fahren. Erklären Sie, dass der Indianerstamm sehr viele Mitglieder hat und sie daher sehr viele Gegenstände benötigen. So brauchen die Indianer nicht eine Uhr, sondern viele Uhren.
- Ein Kind fährt nun mit dem Kanu durch den Raum und sammelt nach Anweisung der anderen Kinder die verschiedenen Mehrzahlbilder ein: *Wir brauchen* ***Bücher*** oder *Wir brauchen* ***Bonbons***.
- Hat der Kanufahrer ein entsprechendes Bild gefunden, benennt er es und legt es in den Anhänger seines Kanus: *Ich kaufe* ***vier Eier***.
- Ist die Einkaufsliste abgearbeitet worden, erhält der fleißige Indianer zum Dank eine Feder in sein Haar und ein anderes Kind übernimmt die Rolle des Kanufahrers.

Vertiefung

- Erstellen Sie die Karten mit den Kindern gemeinsam. Beim Malen ist es möglich, die Kinder an die Anwendung von Singular- und Pluralformen heranzuführen.

Formel 1 im Kindergarten

30 5

Lernerfahrungen

- Adjektive und ihre Steigerungsformen erlernen, anwenden und einüben.
- Possessivpronomen erlernen, anwenden und einüben.
- Satzstrukturen erweitern und vertiefen.

- 11 Tennisbälle
- Stoffmalfarbe in 4 verschiedenen Farbtönen
- schwarzer, dicker Filzstift
- alte Zeitungen
- dicke Pinsel
- Malkittel
- Teppich
- Farbwürfelspiel: *Monza (Haba)*

Vorbereitung

- Bemalen Sie mit den Kindern acht Tennisbälle mit Stoffmalfarbe. Jeweils zwei Bälle sollten in der gleichen Farbe angemalt werden, ein Ball in Gold.
- Nach dem Trocknen der Farbe malen Sie mithilfe der Kinder mit dem schwarzen Filzstift Autos auf die Bälle.
- Markieren Sie auf einem Teppich oder auf einer Wiese zum Beispiel mit Seilen eine Startlinie.
- Legen Sie den goldenen Ball in die Mitte der Spielfläche.

Durchführung

- Fordern Sie die Kinder auf, sich eine Ballfarbe auszusuchen, diese zu benennen und die Bälle in der entsprechenden Farbe aufzunehmen.
- Bitten Sie die Kinder, sich an der Startlinie nebeneinander aufzustellen.
- Erklären Sie den Kindern, dass sie ihre Autos so nah wie möglich neben das goldene Auto parken müssen.
- Die Bälle werden nun reihum in Richtung des goldenen Balls gerollt.
- Jetzt wird festgestellt, welches „Auto“ dem goldenen am nächsten ist. Lassen Sie dazu die Kinder die Position ihrer geworfenen Bälle beschreiben: ***Mein** Auto steht **näher** an dem goldenen Auto als deins. **Mein** Auto steht **am nächsten**. **Dein** Auto ist **am weitesten** weg.*
- Wiederholen Sie das Einparken der Autos, je nach Motivation der Kinder.

Variationen

- Das Farbwürfelspiel *Monza* der Firma Haba ist bei den Kindern, besonders bei den kleinen Autoliebhabern, sehr begehrt.

Ähnliche Aktivitäten

- Ich bin Busfahrer! (siehe S. 95)
- Das Krokodil und der Tiefseeschatz (siehe S. 110)
- Was kreucht und fleucht in unserem Garten? (siehe S. 124)
- Wer ist der Größte? (siehe S. 141)

Ein Besuch im Zoo

Lernerfahrungen

- Verben, die Fortbewegungsarten verschiedener Tiere beschreiben, erlernen.
- Satzstrukturen erweitern und vertiefen.

Vorbereitung

- Stellen Sie sicher, dass für die Aktivität eine ausreichend große freie Fläche zur Verfügung steht.

Durchführung

- Erzählen Sie den Kindern, dass Sie heute mit ihnen einen Ausflug in den Zoo machen möchten. Um die Gruppe auf das Thema einzustimmen, fragen Sie nach den bisherigen Erlebnissen der Kinder zum Thema „Tiere“ oder „Zoo“.
- Erzählen Sie den Kindern folgende Geschichte und begleiten die einzelnen Handlungen pantomimisch. Fordern Sie, wenn nötig, die Kinder zum Mitmachen auf:
  Die Kinder vom Kindergarten auf der Musterstraße machen an einem schönen Tag einen Ausflug in den Zoo. Am Eingang des Zoos kaufen sich erst einmal alle eine Eintrittskarte. Dann laufen sie zum ersten Gehege. Hier hüpfen ganz viele Kängurus über eine Wiese. Lassen Sie den Kindern nach jedem Satz zur pantomimischen Darstellung genügend Zeit.
- Nachdem alle Kinder die Möglichkeit hatten, in die Rolle eines Kängurus zu schlüpfen, fragen Sie ein Kind, zu welchem Gehege der Ausflug als Nächstes führen soll. Falls notwendig, erfragen Sie, wie sich die Tiere bewegen: *Wir gehen zu den Enten. Die Enten* ***watscheln*** oder *Wir gehen zu den Schlangen. Die Schlangen* ***kriechen*** *über den Boden.*
- Achten Sie darauf, dass die Kinder genügend Ruhe und Zeit zum Bilden der Sätze von der restlichen Gruppe erhalten. Im Gegenzug sollte auch genügend Raum zum Nachahmen der Tiere vorhanden sein.
- Der Ausflug durch den Zoo sollte so lange fortgesetzt werden, bis jedes Kind vorschlagen konnte, zu welchen Tieren der Weg führt – je nach Motivation der Kinder auch noch länger.
- Zum Abschluss bitten Sie die Kinder, mit der Straßenbahn wieder zurück in den Kindergarten zu fahren.

Vertiefung

- Regen Sie die Kinder an, Bilder von ihren Lieblingstieren zu malen und dekorieren Sie damit eine Wand im Gruppenraum. Fordern Sie die Kinder auf, der Gruppe das gemalte Bild zu beschreiben. Durch eine gezielte Fragestellung („Was macht das Tier gerade?“) können Sie das Gespräch so lenken, dass die neu erlernten Vokabeln wiederholt und angewandt werden.

Der Wetterkönig

30 | 15–20

Lernerfahrungen

- Den Wortschatz zum Thema Kleidung erweitern und vertiefen.
- Konjugation des Hilfsverbs „haben“ im Präsens vertiefen.
- Satzstrukturen erweitern und vertiefen.

Vorbereitung

- Legen Sie die Kleidung und die beiden Koffer in die Mitte eines Stuhlkreises.

Durchführung

- Schlüpfen Sie durch Aufsetzen der Krone in die Rolle des Wetterkönigs und betreten Sie den Stuhlkreis mit den beiden Koffern. Stellen Sie sich den Kindern als „Wetterkönig“ vor und erfragen deren Namen. Somit nehmen Sie Kontakt zu den Kindern in der neuen Rolle auf und motivieren diese zum Sprechen.
- Erzählen Sie den Kindern, dass jeder Mensch, der die Wetterkrone auf dem Kopf trägt, in der Lage ist, das Wetter zu verzaubern. Um dies vorzuführen, erfragen Sie, welches Kind bereit ist, den Raum zu verlassen.
- Jetzt sprechen Sie den Zauberspruch: *Ich **habe** jetzt die Krone auf, 1, 2, 3, Sommer komm herbei.* Hierbei öffnen Sie den Koffer, in dem sich die Sommerkleidung befindet. Fordern Sie einzelne Kinder auf, sich ein Kleidungsstück auszusuchen, es möglichst in einem vollständigen Satz zu benennen und es anzuziehen: *Ich ziehe **ein Kleid** an.*
- Wenn alle Kleidungsstücke verteilt sind, rufen Sie das Kind herein, das zuvor den Raum verlassen hat. Es bekommt nun die Aufgabe zu benennen, was sich in der Zeit seiner Abwesenheit bei den Kindern verändert hat: *Du **hast einen Sommerhut** auf dem Kopf.*
- Sind alle Kleidungsstücke benannt, überreichen Sie dem Kind die Krone. Es ist der neue Wetterkönig und eine neue Spielrunde beginnt.
- Achten Sie darauf, dass zwei nebeneinandersitzende Kinder die gleichen Dinge angezogen haben. Somit werden die Kinder spielerisch dazu aufgefordert, das Hilfsverb „haben“ zu konjugieren: *Ihr **habt Mützen** auf dem Kopf.*

Vertiefung

- Geben Sie die Kleidungsstücke in den Rollenspielbereich der Gruppe oder eröffnen Sie eine Verkleidungsecke. Die Kinder haben nun häufiger die Gelegenheit, während des Spiels die neu erlernten Begriffe anzuwenden.

Variationen zum Angebot

- Packen Sie mit den Kindern die Koffer, abhängig davon, ob Sie in Winter- oder in Sommerurlaub fahren möchten. Beim Packen steht das Benennen der Kleidungsstücke im Vordergrund.

- Krone
- Winterkleidung wie Mütze, Schal, Handschuhe, Winterstiefel, Socken o. Ä. in einem Koffer
- Sommerkleidung wie Badeanzug, Kleid, kurze Hose, Sommerhut o. Ä. in einem weiteren Koffer

Das Krokodil und der Tiefseeschatz

- großes, durchsichtiges Gefäß
- zwei Handtücher
- Spielzeugkrokodil, das auf dem Wasser schwimmen kann
- kleine Gegenstände in unterschiedlicher Größe, Dicke, Breite
- Tisch mit Stühlen, entsprechend der Anzahl der Kinder
- Briefumschlag
- Kasperl

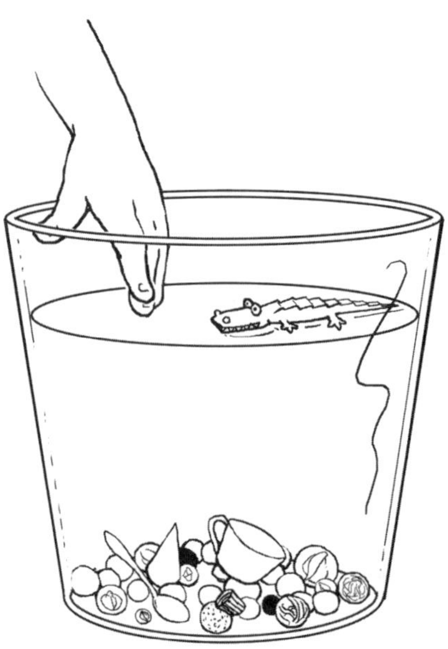

Lernerfahrungen

- Adjektive und deren Steigerungsformen erlernen.
- Den Gebrauch bestimmter und unbestimmter Artikel erweitern und vertiefen.
- Satzstrukturen erweitern und vertiefen.

Vorbereitung:

- Füllen Sie das Gefäß mit Wasser und legen Sie diverse Gegenstände unterschiedlicher Größe aus der Lebenswelt der Kinder hinein.
- Stellen Sie das Gefäß auf den Tisch.
- Das schwimmende Krokodil wird auf die Wasseroberfläche gelegt.
- Legen Sie ein Handtuch ausgebreitet neben das Gefäß, ein anderes legen Sie zum Abtrocknen der Hände während des Angebots bereit.
- Legen Sie den Briefumschlag bereit.

Durchführung

- Bitten Sie die Kinder in den vorbereiteten Raum und lassen Sie die bereitgestellten Dinge betrachten.
- Erzählen Sie den Kindern, dass Kasperl ihnen einen Brief geschrieben hat. Lesen Sie den „Brief" vor. Kasperl bittet in seinem Schreiben um Mithilfe, da das Krokodil ihm viele Dinge gestohlen hat. Nun liegen diese Sachen auf dem Grund eines Sees und das Krokodil bewacht sie Tag und Nacht. Kasperl traut sich nicht in die Nähe des Ungeheuers. Er hofft nun, dass die Kinder die gestohlenen Gegenstände zurückerobern.
- Fragen Sie die Kinder, wer sich von ihnen traut, einen Gegenstand aus dem See zu holen. Das Krokodil sollte dabei „aus Sicherheitsgründen" nicht berührt werden.
- Das mutigste Kind beginnt. Fordern Sie es auf, einen Gegenstand aus dem See zu fischen. Die anderen Kinder passen auf, dass das Krokodil nichts merkt. Das durchsichtige Gefäß lässt die Beobachtung zu.
- Hat ein Kind einen Gegenstand aus dem See gefischt, ohne von dem Krokodil angegriffen worden zu sein, fordern Sie es auf, diesen möglichst ausführlich zu beschreiben: *Das ist* ***ein kleiner Legostein.***
- Hier ist häufig eine gezielte Fragestellung notwendig: *Ist es ein kleiner oder ein großer Legostein?*
- Nun dürfen alle Kinder ihr Glück versuchen. Sind alle Gegenstände zurückerobert worden, bitten Sie die Kinder, die einzelnen Dinge miteinander zu vergleichen: *Der rote Legostein ist größer als der blaue. Der gelbe ist am größten.*
- Hier kann eine gezielte Fragestellung wiederum dazu verhelfen, dass die Kinder dazu angehalten werden, ein Adjektiv zu steigern: *Wie groß ist der gelbe Legostein?*
- Zum Abschluss der Aktivität verlassen sie den Raum und kommen mit Kasperl zurück, der sich bei den Kindern für die Mithilfe bedankt.

Wir essen zusammen zu Mittag

60 · 10

Lernerfahrungen

- Den Wortschatz zu den Themen „Lebensmittel", „Besteck und Geschirr" entwickeln.
- Artikel anwenden.
- Die Lebensmittel der richtigen Farbe zuordnen.
- Gustatorische und taktile Adjektive anwenden, um die Lebensmittel zu beschreiben.
- Mehrwortsätze bilden.
- Sprechfreude entwickeln.

Vorbereitung:

- Stellen Sie sicher, dass ausreichend Geschirr und Besteck usw. vorhanden ist.
- Decken Sie den Tisch alleine oder mit den Kindern ein.
- Informieren Sie sich über das aktuelle Mittagessen. Was gibt es, wann ist Essenszeit?
- Bevor Sie sich mit den Kindern an den eingedeckten Tisch setzen, waschen sich alle die Hände.

Durchführung

- Bevor Sie mit dem Essen beginnen, lassen Sie sich von den Kindern das Essen erklären: *Auf dem Tisch steht eine Schüssel mit Gurkensalat, die Gurken sind grün. Da steht auch noch ein Teller mit braunpanierten Putenschnitzeln und eine Auflaufform mit gelblichem Kartoffelgratin.*
- Wenn die Kinder sich nun selbstständig das Essen nehmen, begleiten Sie dieses sprachlich: *Nimm dir bitte mit der Gabel das Putenschnitzel.* usw.
- Wenn sich alle bedient haben, wünschen sich alle einen „Guten Appetit", dies kann mit einem geübten Spruch erfolgen: *Rolle, rolle, rolle, der Tisch ist volle, der Magen ist leer, er brummt wie ein Bär, er brummt wie ein Brummer, recht guten Hunger.*
- Nutzen Sie die Gelegenheit, beim Essen die Kinder zu fragen, wie das Essen schmeckt, ob es heiß genug ist usw. Wählen Sie dabei offene Fragen.
- Unterhalten Sie sich mit den Kindern beim Essen: Themen wie das vergangene Wochenende, die Erlebnisse während des Tages oder auch weitere Planungen können Gesprächsinhalte sein. Greifen Sie die Themen der Kinder auf.
- Eine Nachbereitung, wie Abräumen, Tische abwischen und abtrocknen, Geschirrwagen wegbringen, Zähneputzen, gehört selbstverständlich dazu. Alle Handlungen begleiten Sie auch sprachlich.

- 11 Bestecke
- 11 Teller
- 11 Gläser
- Vorlegebesteck
- Geschirr-/Servierwagen mit Mahlzeiten in Schüsseln und Getränke
- Eimer mit Putzwasser
- Lappen
- Trockentuch
- Servietten

! Beachten Sie die Hygiene- und Lebensmittelhygieneverordnung

Spiele im Regen

Lernerfahrungen
- Adjektive anwenden.
- Verben anwenden.
- Mehrwortsätze bilden.

dem Wetter entsprechende Kleidung

Vorbereitung:
- Genaues Beobachten des Verhaltens der Kinder bei Regenwetter.

Durchführung
- Fordern Sie die Kinder an einem Regentag auf, wetterfeste Kleidung anzuziehen.
- Begleiten Sie die Kinder ins Außengelände und verbalisieren Sie zum Beispiel folgende Aktionen: *Ich springe über die Pfütze, und du? Ich laufe um die Pfütze herum, und du?*

Vertiefung
- Basteln Sie mit den Kindern eine Handtrommel. Hiermit können sie Vergleiche ziehen: *Das hört sich an wie Regen.*
- Fingerspiele bieten sich an:
  - Es nieselt: *sachtes Klopfen mit den Fingern.*
  - Es regnet: *das Klopfen wird stärker.*
  - Es hagelt: *ganz festes Klopfen mit den Fingern.*
  - Es donnert: *stampfen mit den Füßen.*
  - Es blitzt: *in die Hände klatschen.*

Variationen zum Angebot
- Fordern Sie die Kinder auf, bei Regenwetter einen Regenschirm mitzubringen, um die Tropfen akustisch wahrnehmen zu können.

Rate, welche Formen ich male!

15 · 1

Lernerfahrungen

- Geometrische Formen erkennen.
- Unbestimmte Artikel anwenden.
- Konjunktionen anwenden.

Durchführung

- Bitten Sie das Kind, sich in einer bequemen Haltung auf den Stuhl, auf den Teppich oder auf eine Matte zu setzen. Der Rücken des Kindes soll frei zugänglich sein, sodass man auf ihm „malen“ kann.
- Entscheiden Sie je nach Entwicklungsstand des Kindes, ob Sie alle Formen wählen oder es bei den Grundformen belassen.
- Sagen Sie: *Ich male dir ein Zeichen auf den Rücken. Welche Form ist das?*
- Nun wird das Kind zum Maler: Es wird – wie oben beschrieben – fortgefahren und wieder gewechselt.

Vertiefung

- Weitere Kinder spielen mit und verfahren wie oben beschrieben.
- Malen Sie die Formen in unterschiedlichen Größen und Lagen.
- Betrachten und besprechen Sie vorher mit den Kindern ausgewählte Formen.

Variationen zum Angebot

- Spielen Sie dies mit mehreren Kindern wie *Stille Post*: Ein Maler gibt eine Form auf einem Rücken vor. Dieses Kind malt die Form, wie es sie wahrgenommen hat, auf den Rücken des nächsten Kindes. Der letzte Mitspieler sagt, welche Form er wahrgenommen hat.
- Dieses Stegreifangebot können Sie zu den unterschiedlichsten Oberbegriffen durchführen.

15 4

Zähneputzen nicht vergessen!

- Zahnbürste
- Zahnputzbecher
- Zahnpasta
- Zahnputzuhr
- Papierhandtücher
- Papierkorb
- eventuell ein Gebissmodell mit großer Zahnbürste
- Spiel: *Deine Zähne (Gonge)*

Lernerfahrungen:

- Den Wortschatz zum Thema „Zähne“ entwickeln.
- Verben anwenden.
- Adjektive anwenden.
- Mehrwortsätze bilden.

Vorbereitung:

- Sorgen Sie dafür, dass alle benötigten Materialien im Waschraum vorhanden sind (gegebenenfalls Ersatzzahnpasta bereithalten).
- Achten Sie darauf, dass die Zahnputzuhr gut sichtbar und erreichbar für die Kinder ist.
- Leihen Sie sich eventuell ein Demonstrationsgebiss beim Gesundheitsamt oder Zahnarzt aus.

Durchführung

- Gehen Sie nach einem Essen (Frühstück, Mittagessen) mit den Kindern in den Waschraum.
- Besprechen Sie mit den Kindern die einzelnen Schritte des Zähneputzens: Wie werden Zähne geputzt? Führen Sie gemeinsam mit den Kindern an dem Demonstrationsgebiss das Zähneputzen durch. Lassen Sie die Kinder den Vorgang beschreiben: kreisende leichte Bewegungen; nicht hart aufdrücken; vorsichtig von Rot nach Weiß über das Zahnfleisch gehen; Backenzähne besonders gut putzen; Zahnpasta ausspucken, aber nicht umspülen, damit die Nährstoffe für die Zähne wirken können.
- Bitten Sie die Kinder, Wasser in ihre Becher zu füllen, die Zahnbürste zu befeuchten und mit Zahnpasta zu versehen. Drehen Sie die Zahnputzuhr um und lassen Sie die Kinder gemeinsam die Zähne putzen.
- Die Kinder reinigen abschließend ihre Zahnbürste und den Becher.

Vertiefung

- Eine Kindergruppe erklärt weiteren Kindern das Zähneputzen.

Variationen

- Betrachten Sie mit den Kindern gemeinsam ein Gebiss und benennen Sie dabei Schneide- oder Backenzähne.
- Laden Sie Fachkräfte aus dem Bereich der Zahngesundheit zu Aktionen ein.
- Spielen Sie *Deine Zähne.*
- Führen Sie ein Experiment zum Zahnschutz durch Zähneputzen durch: Ein rohes Ei wird zur Hälfte mit Zahnpasta bestrichen. Die Eierschale stellt den Zahn da. Das Ei wird in ein Glas mit Essig gelegt: Der Essig wirkt wie die Säure und die Bakterien in unserem Mund. Nun wird das Ei beobachtet: Die unbestrichene Schale des Eis löst sich schneller auf. Genauso würden unsere Zähne leiden, wenn sie nicht regelmäßig geputzt würden.

Ich ziehe mich an

15 4

Lernerfahrungen:

- Den Wortschatz zum Thema „Kleidung“ und „Körper“ entwickeln.
- Verben angemessen benutzen..
- „Rechts“ – „links“ benennen.

Vorbereitung:

- Stellen Sie sicher, dass die Kleidung in der Garderobe der Kinder vorhanden ist.
- Diese Aktion eignet sich besonders für den Winter, wenn die Kinder mehr Kleidungsstücke anziehen.

Durchführung

- Begleiten Sie das Anziehen der Kinder für das Spiel im Außenbereich mit vollständigen Sätzen: *Du ziehst den rechten Schuh an den rechten Fuß; du steckst den linken Arm durch den linken Ärmel usw.*

Vertiefung

- Die Kinder sagen einander an, in welcher Reihenfolge sie sich anziehen.
- Diese Aktion kann genauso beim Umziehen für sportliche Aktivitäten durchgeführt werden.

Variationen zum Angebot

- Ziehen Sie gemeinsam mit den Kindern Puppen an.
- Spielen Sie eine Kleiderstaffel mit den Kindern, in der sie genannte Kleidungsstücke einsammeln sollen: *Finde den rechten Schuh, deine Pudelmütze usw.* Die Kinder geben an, was eingesammelt werden soll.
- Gestalten Sie mit den Kindern Anziehpuppen mit entsprechender Kleidung.
- Spielen Sie die Anziehspiele zu den verschiedenen Jahreszeiten oder zum Beispiel mit einem Jahreszeitenteppich: Die Kinder ordnen Kleidung den entsprechenden Jahreszeiten zu.
- Das Spiel: *Bin ich ein Esel* umfunktionieren:
  Sortieren Sie die Kleidungskarten aus und befestigen Sie diese mit einem Stirnband am Kopf eines Kindes. Ein weiteres Kind beschreibt das Kleidungsstück auf der Karte. Das Kind mit dem Stirnband muss erraten, um welches Kleidungsstück es sich handelt.

- wetterentsprechende Kleidung der Kinder
- Spiel: *Bin ich ein Esel (Jumbo)*

15 | 8

Herbstblätter

- von den Kindern gesammelte Herbstblätter
- dicke Kataloge
- Papier
- Wachsmalstifte
- Lupen

Lernerfahrungen:

- Die Farben der Blätter beschreiben.
- Die Jahreszeit „Herbst“ kennenlernen und mit Mehrwortsätzen beschreiben.
- Artikel anwenden.
- Adjektive anwenden.

Vorbereitung:

- Sammeln Sie im Herbst mit den Kindern viele unterschiedliche Blätter.

Durchführung

- Besprechen Sie nun mit den Kindern ihre Beobachtungen im Herbst: *Im Herbst fallen Blätter vom Baum, weil ... Die Blätter haben viele verschiedene Farben: Rot, Grün, Gelb und Braun, weil ... Die Blätter wellen sich, weil ...*
- Greifen Sie die Fragen der Kinder auf, betrachten Sie die Blätter gemeinsam mit Lupen. Lassen Sie die Kinder die Blätter beschreiben: *Die Blätter sind rund und fest, sie haben einen dicken Rand, viele kleine Äderchen, einen dicken Stiel, spitze Zacken usw.*
- Die Kinder können die Blätter unter ein Blatt Papier legen und mit Wachsmalstiften durchpausen. Regen Sie die Kinder dazu an zu erzählen, was sie während des Malens feststellen.

Vertiefung

- Wählen Sie mit den Kindern von einer Blattsorte mehrere Blätter aus. Besprechen Sie, dass Sie in der nächsten Zeit diese Blätter beobachten werden. Ein Blatt wird in einem Katalog gepresst; eins auf die Heizung gelegt; eins markiert in den Garten gelegt. Nach einiger Zeit sollen die Kinder die Veränderungen beschreiben. Erklären Sie den Kindern, warum ein gepresstes Blatt nicht so schnell verwest.
- Regen Sie die Kinder an, viele verschiedene Blätter in Katalogen zu pressen, damit sie diese später für gestalterische Angebote nutzen können.

Variationen

- Die Kinder gestalten mit den Blättern Bilder, die durch weitere herbstliche Naturmaterialien wie Nüsse, Moos erweitert werden können.

Experimentieren am Wasserspielplatz

30–45 | 10

- Sandeimer
- Schaufeln
- Sandförmchen
- Gummistiefel
- Matschhose
- Handtücher
- Wäscheständer
- Besen
- Handfeger und Kehrblech
- Wasseranlage mit Wasserbahn
- Wasserrad usw.

Lernerfahrungen:

- Den Wortschatz zum Thema „Sandspiele“ entwickeln.
- Verben anwenden.

Vorbereitung:

- Stellen Sie die Wasseranlage an.

Durchführung

- Bitten Sie die Kinder, ihre Gummistiefel und die Matschhose anzuziehen.
- Beschreiben Sie den Kindern, wie die Wasseranlage funktioniert oder lassen Sie dies ein mit der Anlage vertrautes Kind übernehmen.
- Betrachten Sie mit den Kindern die Möglichkeiten des Wasserlaufes.
- Lassen Sie die Kinder nun mit den vorhandenen Materialien experimentieren und leiten Sie durch Fragen Gespräche an: *Wie fühlt sich das Wasser an? Was baust du? Wann läuft das Wasser langsamer, wann schneller?*

- Kinder, die das Spiel beenden wollen, waschen die Sandspielsachen sauber, fegen ihre Stiefel und Hosen mit dem Handfeger ab, trocknen sich ab, hängen Handtücher auf und ziehen sich wieder um.
- Fegen Sie zum Abschluss mit den Kindern gemeinsam den Sand zur Wasseranlage zurück.

30 | 4 | • •

Bauen mit Systemsteinen

- Angebot an unterschiedlichen Systembausteinen
- Steckplatten zu den entsprechenden Konstruktionsmaterialien/ Systemsteinen
- eventuell ein Lineal

Lernerfahrungen

- Konstruktionsmaterialien benennen.
- Formen, primär das Viereck (Quadrat und Rechteck), kennenlernen.

Vorbereitung

- Bieten Sie einen freien und sauberen Bauteppich an, der zum Bauen einlädt.
- Vergewissern Sie sich, dass den Kindern die Regeln auf dem Bauteppich bekannt sind, wenn nötig besprechen Sie diese neu: Den Teppich betreten wir nur mit Socken; die Hausschuhe kommen in die bereitgestellte Kiste; je nach Größe der Fläche können nur maximal ... Kinder dort spielen usw.

Durchführung

- Vier Kinder bauen mit Konstruktionsmaterial auf dem Bauteppich.
- Geben Sie neue sprachliche Impulse: *Du hast ein schönes Haus gebaut, wie viele Ecken und Seiten kannst du denn zählen? Welche Form ist das denn?*
- Vergleichen Sie nun mit den Kindern den 4-er-, 6-er- und 8-er-Stein. Die Formen der Steine können Sie nun in einen direkten Zusammenhang mit der Grundfläche des gebauten Hauses setzen: Die Fläche des Hauses sieht so aus wie der 4-er-Stein, es ist also ein Quadrat, es hat vier gleiche Seiten. Zur Kontrolle können Sie diese Lernerfahrung mit den Kindern gemeinsam abmessen.
- Genauso können Sie mit dem Rechteck verfahren.

Vertiefung

- Stegreifspiel mit dem oben genannten Material: *Wer kann mit den blauen Quadraten einen rechteckigen Turm bauen, der zwölf Steine hoch ist?* usw.

Es ist heiß!

30 20

Lernerfahrungen

- Adjektive verwenden.
- Artikel anwenden.
- Den Wortschatz zum Thema „Sommer“ entwickeln.

- Sonnencreme
- Kappen
- Sonnenschirme
- Lupen
- Papier

Vorbereitung

- Sorgen Sie dafür, dass im Sommer alle Kinder eigene Sonnenmilch und Kappen – mit dem eigenen Namen gekennzeichnet – in der Einrichtung haben.
- Achten Sie darauf, dass genügend Sonnenschirme zum Schutz der Kinder vorhanden sind.

Durchführung

- Sprechen Sie mit den Kindern über das Wetter im Sommer: *Es ist heiß, die Sonne scheint. Wie können wir uns vor der Sonne schützen? Was passiert, wenn wir zu lange in der Sonne sind?*
- Verdeutlichen Sie den Kindern die Stärke der Sonne, indem Sie ein Blatt Papier in die Sonne legen. Mit einer Lupe leiten Sie die Sonnenstrahlen auf das Papier, bis es zu brennen beginnt.
- Die Kinder cremen sich gegenseitig mit Ihrer Unterstützung ein und ziehen ihre Kappen auf.
- Stellen Sie mit den Kindern gemeinsam Sonnenschirme auf und besprechen die Spielbereiche.

Vertiefung

- Besprechen Sie mit den Kindern, warum die Sonne am Mittag am stärksten scheint.
- Entwickeln Sie mit den Kindern Schattenspiele: Schattenfangen, Schattenraten.

10 · 1

Ich habe Schnupfen

Lernerfahrungen

- Vergleichsformen anwenden.
- Den Wortschatz zum Thema „Körper“ entwickeln.
- Artikel anwenden.

- Taschentücher;
- Waschraum mit Spiegel
- Waschbecken
- Seife und Papierhandtücher
- Mülleimer

Vorbereitung:

- Für alle Kinder liegen in ihrer Gruppe Taschentücher griffbereit.

Durchführung

- Sie stellen fest, dass viele Kinder Schnupfen haben oder erkältet sind und Schwierigkeiten haben, sich richtig die Nase zu putzen oder die Hand vor den Mund zu halten.
- Greifen Sie dieses in Einzelsituationen auf. Die Nase läuft:
- Gehen Sie nun mit dem Kind und Taschentüchern in den Waschraum und üben Sie richtiges Verhalten bei Erkältungen. Dabei kann sich das Kind im Spiegel betrachten. Begleiten Sie dieses sprachlich:
- *Halte das Taschentuch mit beiden Händen vor die Nase und schnaufe durch die Nase wie ein Elefant. Danach wirf das Taschentuch in den Mülleimer. Wasche dir mit Seife die Hände und trockne sie mit dem Papierhandtuch ab.*
- Verfahren Sie ähnlich mit dem Niesen und dem Husten.
- Die Kinder dienen jetzt als Multiplikatoren, nun können sie gemeinsam anderen Kindern Erlerntes beibringen.

Ähnliche Aktivitäten

- Eine Reise durch den Kindergarten (siehe S. 133)

Mein Pullover ist rot

15 | 20 | •.

Lernerfahrungen

- Den Wortschatz zum Thema „Kleidung“ entwickeln.
- Artikel anwenden.
- Die Farben den Kleidungsstücken zuordnen.

vorhandene Kleidung der Kinder

Durchführung

- Führen Sie beim Anziehen mit den Kindern ein Gespräch über die Farben und sonstige Details ihrer Kleidung.
- Greifen Sie dies in der Gruppe oder draußen mit folgendem Spiel auf:
- Die Kinder stellen sich in einen Kreis. Ein Kind bekommt die Aufgabe anzusagen, mit welchem Kind es den Platz tauschen möchte: *Ich tausche meinen Platz mit dem Kind, das weiße Socken anhat.*
- Gibt es mehrere identische Kleidungsstücke, wird die Ansage erweitert: mit weißen Socken und grünem Pullover usw.
- Danach macht das Kind die Ansage, welches gerade den Platz getauscht hat.

Vertiefung

- Ein Kind sagt an: *Alle Kinder mit blauen Hosen tauschen die Plätze*. Welches Kind zuerst einen neuen Platz hat, gibt die neue Ansage.
- Variation zu „Fischer, Fischer, wie tief ist das Wasser?“:
- Ein Kind steht auf der gegenüberliegenden Seite der Gruppe. Die Gruppe ruft: *Welche Kleidung darf kommen?* Das Kind gibt zum Beispiel *blaue Hosen* vor. Alle Kinder mit blauen Hosen wechseln die Seite und können gefangen werden. Dies Spiel geht so lange, bis nur ein Kind übrigbleibt. Dieses Kind oder das zuletzt gefangene ist der neue *Fischer*.

20 | 20 |

Wenn einer eine Reise tut...

Lernerfahrungen

- Sich vor einer Großgruppe artikulieren lernen, freies Erzählen üben.
- Mehrwortsätze bilden.

Postkarten der Kinder aus dem Urlaub

Durchführung

- Führen Sie im Stuhlkreis mit den Kindern ein Gespräch über die gerade erst zurückliegenden Ferien. Sie haben vielleicht sogar einige Postkarten von den Kindern bekommen. Lesen Sie diese vor und fordern Sie danach die Kinder auf, nacheinander von ihren Erlebnissen zu berichten. Berücksichtigen Sie bei dieser Aktivität, dass es Kinder gibt, die nicht in Urlaub gefahren sind. Beziehen Sie auch diese mit in das Gespräch ein und lassen Sie sie berichten, was sie Schönes zu Hause erlebt haben.

Vertiefung

- Die Kinder können Erlebtes malen und hierzu erzählen.
- Gestalten Sie mit den Urlaubsfotos der Kinder eine Deutschland-, Europa- oder Weltkarte.

Variationen zum Angebot

- Erstellen Sie mit den Kindern Collagen aus Urlaubsprospekten.
- Bitten Sie einzelne Kinder, Urlaubserlebnisse eines anderen Kindes nachzuerzählen.

25 | 5 | ●●●

Wir decken den Geburtstagstisch ein

Lernerfahrungen

- Den Wortschatz zum Thema „Geschirr“ erweitern.
- Artikel anwenden und erweitern.
- Dekorationsgegenstände benennen.
- Präpositionen anwenden und erweitern.
- Zahlwörter benennen.
- Verben anwenden und erweitern.

Vorbereitung:

- Achten Sie darauf, dass der Gruppenraum Freiraum für eine ansprechende Atmosphäre bietet.
- Ordnen Sie die Tische entsprechend an.
- Stellen Sie die benötigten Materialien bereit.

Durchführung

- Vor dem Angebot waschen sich alle gemeinsam die Hände.
- Besprechen Sie mit den Kindern, für wen und aus welchem Anlass der Tisch gedeckt wird.
- Die Kinder decken gemeinsam den vorbereiteten Tisch ein, indem die Handlungen sprachlich begleitet werden: *In die Mitte stelle ich den Teller, rechts oben den Unterteller mit der Tasse oder dem Glas. Die Serviette lege ich auf den Teller usw.*
- Dekorieren Sie den Tisch mit den Kindern ansprechend.
- Nach dem Eindecken können alle Gegenstände nochmals benannt und abgezählt werden.

Vertiefung

- Bereiten Sie die Materialien gemeinsam mit den Kindern vor.
- Übertragen Sie mit den Kindern die Lernerfahrung auf andere Tischsituationen, zum Beispiel für das Mittagessen bei einer Ganztagsbetreuung.
- Bieten Sie auch die Erfahrung von Mengenangaben: *Nimm fünf Teller. Du benötigst noch drei Gabeln.*
- Erstellen Sie einen Geburtstagskalender und tragen Sie gemeinsam mit den Kindern die Geburtstage in den Kalender ein.
- Üben Sie Geburtstagslieder ein.

Variationen zum Angebot

- Überlegen Sie im Vorfeld mit den Kindern gemeinsam, wie der „Geburtstagsplatz“ gestaltet werden kann.
- Üben Sie Geburtstagslieder oder -grüße in der Muttersprache des Geburtstagskindes ein.

- der Kinderanzahl entsprechende Geschirr-, Besteckanzahl
- Dekorationsartikel
- Tische
- Stühle, evtl. Geburtstagsstuhl
- Geburtstagsgeschenk, Geburtstagskrone o. Ä.

! Brandschutzvorschriften müssen beachtet werden.

! Hygiene- und Lebensmittelhygieneverordnung beachten.

30 | 6

Was kreucht und fleucht in unserem Garten?

- verschiedene Lupen

Nachschlagewerke:

- *Irmgard Lucht/ Christa Spangenberg: Die Grüne Uhr (Verlag Heinrich Ellermann)*
- *Una Jakobs: Die Erd-Uhr (Heinrich Ellermann)*
  H. W. Smolik/S. Smolik-Pfeifer: Pflanzen und Tiere in Deutschland (Naumann & Göbel)
- *J. Zahradnik: Käfer (Lingen)*

Lernerfahrungen

- Insekten und Spinnentiere als Oberbegriff kennenlernen.
- Artikel anwenden und erweitern.
- Zählen üben.
- Satzstrukturen erweitern.
- Steigerungsformen anwenden.

Vorbereitung:

- Um die Entdeckerfreude der Kinder unterstützen zu können, sollten verschiedene Arten von Lupen stets griffbereit sein.

Durchführung

- Schlagen Sie den Kindern vor, im Außengelände Insekten zu betrachten.
- Bieten Sie den Kindern Lupen verschiedenster Art an. Sollten die Kinder im Umgang mit den Lupen ungeübt sein, experimentieren Sie mit den Kindern. Lassen Sie die Kinder ihren Finger betrachten, ein Blatt usw.
- Bitten Sie die Kinder, ihre Beobachtungen zu beschreiben: *Mein Finger ist dicker, größer. Die Blätter sind klarer zu sehen.*
- Besprechen Sie nun, wie die Kinder mit den Tieren, die Sie gleichzeitig in die Kategorie Insekten und Spinnentiere einordnen, umgehen sollen: *Lege die Spinne vorsichtig in die Dosenlupe.*
- Betrachten Sie gemeinsam mit den Kindern die Insekten. Die Kinder beschreiben diese und zählen die Beine: *Der Käfer hat sechs Beine und einen dicken Bauch.*
- Die Kinder vergleichen ihre Kleintiere: *Meine Spinne hat einen größeren Bauch als deine, die Beine sind viel dicker und länger.*
- Bevor Sie sich von den Kindern wieder entfernen, besprechen Sie noch, dass alle Tiere nach der Beobachtung wieder in ihren Lebensraum zurückgesetzt werden.

Vertiefung

- Erstellen Sie mit den Kindern ein Memory aus dem Erlebten.
- Stellen Sie verschiedene Bücher zum Thema zur Nachbereitung bereit.
- Falls ein Mikroskop vorhanden ist, können zum Beispiel Blätter oder bereits präparierte Kleintiere betrachtet werden.
- Besuchen Sie andere Lebensbereiche der Tiere: Wald, Wiese, Feld, Umwelterfahrungszentrum usw.

Variationen

- Führen Sie weitere Naturbetrachtungen durch, zum Beispiel im Zusammenhang mit Vogelfütterung, einem Besuch beim Imker usw.

Was ist eigentlich gesunde Ernährung?

25 | 8

Lernerfahrungen

- Den Begriff „gesund“ beziehungsweise „gesunde Ernährung“ kennenlernen.
- Den Wortschatz zum Thema „Lebensmittel“ erweitern.
- Artikel anwenden und erweitern.
- Den Wortschatz zum Thema „Farben“ erweitern.

- Prospekte mit Nahrungsmitteln
- Scheren
- Papier
- Kleber
- Maldecken

Vorsicht beim Umgang mit Scheren!

Vorbereitung:

- Bereiten Sie einen Tisch mit den oben genannten Materialien für das Freispiel vor.

Durchführung

- Einige Kinder setzen sich an den vorbereiteten Tisch, finden die Materialien vor und werden aktiv: Die Kinder schauen sich die Bilder an, schneiden aus, kleben auf usw.

- Greifen Sie die Aktion auf, setzen sich zu den Kindern und regen ein Gespräch über gesunde Lebensmittel an.
- Lassen Sie sich von den Kindern den Begriff „gesund“ erklären. Wenn nötig, erläutern Sie diesen.
- Bitten Sie die Kinder, die Lebensmittel auf den eigenen Bildern zu beschreiben: *Der Joghurt auf meinem Bild ist gesund, die Schokolade nicht. Das vollwertige Brot ist sehr gesund, das Toastbrot nicht. Der grüne Apfel ist gesund, der rote Gummibär nicht.*
- Erarbeiten Sie mit den Kindern auf der Grundlage dieser vorhergegangenen Erläuterungen eine gemeinsame Collage zu gesunden Lebensmitteln. Begleiten Sie Ihr Handeln sprachlich, und regen Sie die Kinder ebenfalls dazu an.

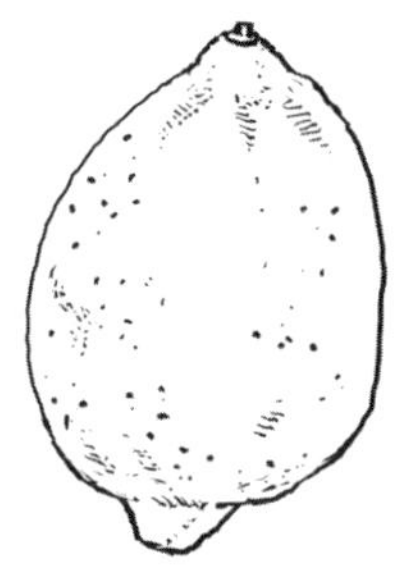

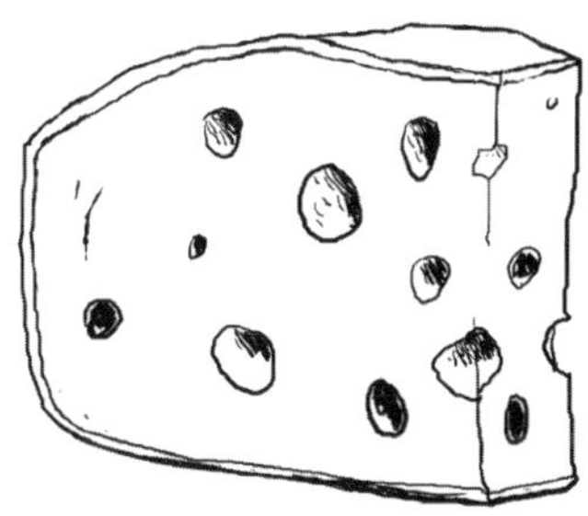

Vertiefung

- Erarbeiten Sie direkt mit den Kindern je eine Collage zu gesunden und ungesunden Lebensmitteln.

25 10

Ups, ich bin ein Hase!

Lernerfahrungen

- Verben den Bewegungen der Tiere zuordnen.
- Den Wortschatz zum Thema „Tiere“ erweitern.
- Tempo der Bewegungen durch Adjektive beschreiben.
- Verben in Bewegung umsetzen.

je nach Kinderanzahl einen größeren Raum wie Mehrzweckhalle, Flur oder aber auch das Außengelände bereitstellen

Vorbereitung:

- Sorgen Sie dafür, dass sich keine unfallgefährdenden Gegenstände im Raum befinden.
- Entfernen Sie im Außengelände gegebenenfalls hinderliche Gegenstände.

Durchführung

- Überlegen Sie gemeinsam mit den Kindern, wie sich Tiere bewegen: Ein Hase hüpft, eine Spinne krabbelt, ein Pferd springt.
- Führen Sie gemeinsam mit den Kindern diese Bewegungen aus.
- Verbinden Sie nun diese Bewegungen mit Tempoangaben zu den einzelnen Fortbewegungsarten, indem Sie die Kinder experimentieren lassen, welches Tempo wohl für die Tiere passen könnte.

Vertiefung

- Die Kinder übernehmen die Bewegungsansagen.
- Erzählen Sie eine Bewegungsgeschichte, die die Fortbewegungsarten enthält:
  Am Morgen hüpft der Hase langsam aus seinem Bau. Er schaut sich um, als er ein Pferd herantraben hört. Schnell hüpft er über die Wiese. Ein Frosch springt ihm aus dem Weg ...
- Spielvariante zu *Fischer, Fischer, wie tief ist das Wasser:*
  Ein Kind (Der Tierfreund) steht auf der rechten Seite des Spielfeldes, die Mitspieler auf der linken Seite. Die Kinder rufen zum Tierfreund: *Welches Tier kommt zu dir?* Der Tierfreund antwortet: *Ein Hase hoppelt schnell über die Wiese; eine Schnecke kriecht langsam zu mir.*
- Nach einiger Zeit wechselt der Tierfreund.

Tiere auf dem Bauernhof

15 | 6

Lernerfahrungen:

- Den Wortschatz zum Thema „Tiere auf dem Bauernhof“ anwenden und erweitern.
- Artikel anwenden und erweitern.
- Mehrwortsätze bilden.
- Verben anwenden und erweitern.
- Die Farben vertiefen.

Durchführung

- Lassen Sie sich die Tiere von den Kindern beschreiben: *Das rosa Schweinchen grunzt; das schwarze Pferd galoppiert; das braune Huhn pickt die Körner auf.*
- Je nach Entwicklungsstand der Kinder lassen Sie diese noch weitere Beschreibungen nennen*: Das kleine Schwein ist ein Ferkel, das Schaf ein Lamm. Die weibliche Katze heißt Katze, der „Mann“ Kater usw.*
- Fragen Sie weiter nach den Tieren*: Was macht eine Katze auf einem Bauernhof? Was bringt uns eine Kuh, Schaf, Schwein? Wo leben und was fressen diese Tiere?* (Im Stall, auf der Weide; Heu, Körner, Möhren usw.)

Vertiefung

- Spielen Sie mit den Kindern Spiele aus der Spiele-Box *Kater Krümel`s Bauernhof.*
- Beginnen Sie gemeinsam mit den Kindern aus den Klötzen auf dem Bauteppich einen Bauernhof zu bauen.
- Stellen Sie mit den Kindern ein Tiermemory her, welches zum Beispiel eine Kuh und ein Kalb zusammenführt.
- Singen Sie gemeinsam mit den Kindern das Lied: *Onkel Jo hat einen Bauernhof (Old MacDonald ...).*

- Spieltiere, die zum Bauernhof passen (Katzen, Hunde, Schafe, Schweine, Kühe, Hühner, Tauben, Mäuse, Pferde usw.)
- Spiel*: Kater Krümel's Bauernhof (Kosmos)*
- Buch: *De Häen, Wolfgang: Wie ist es auf dem Bauernhof? (Ravensburger)*
- Lied: *Onkel Jo hat einen Bauernhof (Old Mac-Donald had a farm)*

Kräuter riechen und schmecken

➔ verschiedene frische Kräuter in Töpfen oder im Außengelände/Garten

Lernerfahrungen

- Adjektive anwenden und erweitern.
- Artikel anwenden und erweitern.
- Die Kräuter durch Vergleiche beschreiben.

Durchführung

- Betrachten Sie mit den Kindern die im Garten wachsenden Kräuter.
- Fragen Sie die Kinder nach den Namen der Kräuter und benennen sie diese mit Artikel: *Das ist die Petersilie. Das ist der Schnittlauch usw.*
- Lassen Sie die Kinder die Kräuter beschreiben: *Der Schnittlauch sieht aus wie lange dicke Fäden; die Petersilie hat kleine Köpfe wie Blüten usw.*
- Die Kinder pflücken Kräuter ab und waschen diese.
- Fordern Sie die Kinder nun auf, die Kräuter zu probieren und den Geschmack zu beschreiben: *Der Schnittlauch schmeckt scharf, die Zitronenmelisse schmeckt nach Zitrone, die Pfefferminze schmeckt süßlich usw.*

Vertiefung

- Die Kinder malen die Kräuter ab.
- Bereiten Sie mit den Kindern einen Kräuterquark zu.
- Kochen Sie mit den Kindern einen frischen Pfefferminztee und vergleichen Sie diesen mit Pfefferminztee aus Beuteln.
- Pflanzen Sie mit den Kindern weitere Kräuter, zum Beispiel in einer Kräuterspirale.

Hier wohne ich, wo wohnst du?

60 · 20

Lernerfahrungen
- Die Familiennamen kennenlernen.
- Die Stadt, die Straßennamen, die Hausnummern kennenlernen.

Vorbereitung
- Erstellen Sie eine Adressenliste.

wetterfeste Kleidung

Die Aktion ist nur mit zwei pädagogischen Fachkräften durchführbar (Aufsichtspflicht).

Durchführung
- Bei einem Spaziergang zeigen Ihnen die Kinder, wo sie wohnen. Greifen Sie dies auf.
- Anhand Ihrer Adressenliste gehen Sie weiter mit den Kindern in Ihrem Bezirk spazieren.
- An einer Wohnung angekommen, fragen Sie die Kinder: *Wisst ihr, welche Familie hier wohnt? Hier wohnt X* (Vorname eines Kindes). Und *wie heißt X mit Nachnamen? Y heiße ich mit Nachnamen.*
- Nennt das Kind nur seinen Nachnamen, fordern Sie es auf, einen vollständigen Satz zu sprechen, den Sie gegebenenfalls vorsprechen.
- Fragen Sie die Kinder zum Beispiel nach Straßennamen, Hausnummern, Stadt usw. und verfahren Sie wie oben beschrieben.

Vertiefung
- Stellen Sie mit den Kindern Straßenschilder her.
- Benutzen Sie diese Schilder zum Beispiel für Spiele auf einem Verkehrsteppich.
- Auf dem Bauteppich können die Kinder ihr Wohngebiet nachbauen.

Variationen zum Angebot
- Betrachten Sie gemeinsam mit den Kindern einen Auszug aus dem Stadtplan, der Ihren Bezirk enthält.
- Hängen Sie ihn auf und markieren Sie die bereits erkundeten Wohnungen.
- Wiederholen Sie die Spaziergänge, bis Sie alle Wohnungen der Kinder erkundet und markiert haben.

15 | 10

Gemeinsames Aufräumen

Lernerfahrungen

- Präpositionen anwenden und erweitern.
- Mehrwortsätze erweitern.
- Verben anwenden und erweitern.

Durchführung

- Sie beobachten, dass Kinder in Ihrer Gruppe ein Spiel oder Spielaktionen beendet haben und aufräumen müssen.
- Klären Sie mit den Kindern ab, was und wie aufgeräumt werden muss, zum Beispiel.: *Das Spiel kommt* ***in*** *den Schrank. Stelle das Buch* ***auf*** *das Regal. Lege die Decke* ***über*** *das Sofa. Schiebe den Stuhl* ***unter*** *den Tisch. Kehre die Papierschnipsel auf und benutze dazu den Handfeger und das Kehrblech, welche* ***am*** *Haken hängen.* usw.

Vertiefung

- Fordern Sie die Kinder auf, sich gegenseitig anzuleiten.

Ähnliche Aktivitäten

- Zappellied (siehe S. 49)
- Der ängstliche Wecker (siehe S. 92)
- Urlaubserlebnisse (siehe S. 93)
- Fred, der Feuerwehrmann (siehe S. 96)
- Das Nachtgespenst (siehe S. 103)
- Wir decken den Geburtstagstisch ein (siehe S. 123)

Fliegen fangen

15 · 20 · ●●●

Lernerfahrungen
- Den Wortschatz zum Thema „Körper“ erweitern.
- Artikel anwenden und erweitern.

Vorbereitung:
- Stellen Sie einen genügend großen Raum ohne Möblierung bereit.

keine Materialien erforderlich

Durchführung
- Nutzen Sie Spielpausen oder Übergänge in eine andere Tagesphase, wenn Sie beobachtet haben, dass die Kinder Fang- oder Berührungsspiele gespielt haben.
- Geben Sie durch dieses Spiel einen neuen Impuls: Die Kinder finden sich zu Paaren zusammen. Ein Kind ist „die Fliege“, die Mitspielerin oder der Mitspieler steht mit dem Rücken zu dieser Fliege.
- Jedes Paar hat einen gewissen Bewegungsradius.
- Die Fliege erhält folgende Aufgabe*: Berühre deine/n Mitspieler/-in an einer Stelle des Körpers.* Das andere Kind lokalisiert die berührte Stelle, versucht schnellstmöglich diese Stelle zu berühren und sagt: *Du hast mich an der rechten Schulter berührt. Du hast meinen Arm unten berührt, usw.*
- Nach vorher ausgemachten Berührungen wechseln die Spielpartner oder -partnerinnen.

Vertiefung
- Ein Kind gibt Anweisungen: *Berühre deine linke Schulter.* Dabei können sich die Kinder auch gegenüberstehen. Nach einer vereinbarten Zahl von Anweisungen wird gewechselt.

Variationen zum Angebot
- Das Kind, welches die Fliegen fängt, bekommt die Augen verbunden.

45 12

Jahreszeitenteppich

Der Jahreszeitenteppich

Lernerfahrungen

- Jahreszeiten kennenlernen und Symbolen zuordnen.
- Adjektive anwenden und erweitern.
- Monate in Verbindung zu den Jahreszeiten setzen.

Vorbereitung:

- Legen Sie den Teppich aus und saugen Sie ihn gegebenenfalls ab.

Durchführung

- Führen Sie mit den Kindern anhand des Jahreszeitenteppichs ein Gespräch über jahreszeitliche Veränderungen in der Natur, zum Beispiel den Laubfall im Herbst oder das Austreiben der Schneeglöckchen im Winter.
- Bitten Sie die Kinder, sich jeweils einem Monat zuzuordnen und die Symbole der einzelnen Monate zu beschreiben: Im Februar sind Masken zu sehen; im Oktober steigt ein Drache hoch; im Dezember gibt es viele Päckchen.
- Benennen Sie den Monat, wenn das Kind ihn nicht erkennt.
- Schauen Sie sich mit den Kindern die Verbindung zu den einzelnen Jahreszeiten an: *Der Winter geht von Mitte Dezember bis Mitte März.*
- Lassen Sie die Kinder die Jahreszeiten durch Adjektive beschreiben: *Im Herbst ist es* ***windig****; im Sommer ist es* ***heiß****; im Winter ist es* ***kalt****.*

Vertiefung

- Stellen Sie mit den Kindern einen Kalender her.
- Nutzen Sie diesen Kalender, indem die Kinder ihren Geburtstag den Jahreszeiten und Monaten zuordnen, zum Beispiel durch ihre Zeichen oder ihren Namen.

Variationen

- Bewegungsspiel: Die Kinder laufen durch die Halle: *Mein Monat zeigt einen Drachen.* Die Kinder laufen zum entsprechenden Monat, benennen diesen und die entsprechende Jahreszeit.
- Die Kinder geben selbst die Ansagen zu diesem Spiel.
- Kleiderrallye zu den Jahreszeiten: Es liegen Kleidungsstücke entsprechend zu den Jahreszeiten in einer Kiste. Die Kinder erhalten den Auftrag: *Holt ein Kleidungsstück zum Herbst und legt es auf die richtige Stelle auf den Teppich.*

Eine Reise durch den Kindergarten

30 | 4

keine Materialien erforderlich

Lernerfahrungen

- Die anderen Gruppenräume kennenlernen.
- Die Namen der Erzieherinnen und Erzieher kennenlernen.

Vorbereitung:

- Sprechen Sie im Team ab, an welchem Tag Sie mit einer kleinen Lerngruppe durch die Einrichtung gehen.

Durchführung

- Frühestens nach der Eingewöhnungsphase der Kinder begehen Sie mit einer Kleingruppe die Einrichtung und erläutern dabei, was die Kinder vorfinden.
- Um die Führung interessanter zu gestalten und den Wissensstand der Kinder zu klären, stellen Sie immer wieder Fragen: *Weißt du, wer hier in der ... -Gruppe arbeitet? Wisst ihr, was das für ein besonderer Raum ist?*

Vertiefung

- Stellen Sie Bildkarten der vorhandenen Räumlichkeiten mit den Kindern her und ordnen Sie Gegenstände dazu, zum Beispiel: *Die Küchenmaschine gehört zur Küche.*
- Entwickeln Sie eine Kindergartenrallye.

Variationen zum Angebot

- Ein älteres Kind leitet die Führung mit der Erzieherin oder dem Erzieher zusammen.

30–45 6

Auf und unter dem Klettergerüst

Klettergerüste im Außengelände

Lernerfahrungen

- Artikel anwenden und erweitern.
- Verben im Imperativ benutzen.

Durchführung

- Kleiden Sie die Kinder dem Wetter entsprechend an.
- Geben Sie den Kindern zum Beispiel folgende Aufgaben: *Lauft die Treppe* ***hinauf****; stellt euch* ***unter*** *das Dach; rutscht die Stange* ***hinunter****; klettert* ***über*** *die Bretter; steigt* ***durch*** *das Fenster.*
- Bitten Sie die Kinder, diese Aufgaben gemeinsam durchzuführen.

Vertiefung

- Fordern Sie die Kinder auf, die Ansage zu übernehmen.
- Ein Kind führt die Übung aus, ein anderes begleitet diese sprachlich. Danach wird ein Wechsel vollzogen.

Variationen zum Angebot

- Diese Aufgaben können Sie auch als Wettspiel durchführen: Die Kinder versammeln sich an einer Stelle. Sie sagen alle Aktionen an, zum Beispiel: *Wer klettert als Erster* ***durch*** *das Fenster?*
- Das Kind, das die Übung gewonnen hat, übernimmt die Ansage usw.

Wir kümmern uns um den Garten

Lernerfahrungen

- Den Wortschatz zum Thema „Gartengeräte“ erweitern und vertiefen.
- Den Gebrauch von Artikeln erweitern und vertiefen.
- Den Wortschatz zum Thema „Pflanzen und Tiere“ erweitern und vertiefen.
- Den Gebrauch von Verben und Adjektiven erweitern und vertiefen.
- Satzstruktur erweitern und vertiefen.

Vorbereitung

- Stellen Sie die benötigten Arbeitsgeräte bereit.
- Vergewissern Sie sich vorher, welche Arbeiten tatsächlich im Beetbereich zu erledigen sind.
- Lesen Sie gegebenenfalls im Vorfeld in Nachschlagewerken die Namen von Pflanzen und Tieren nach.
- Befreien Sie gegebenenfalls den Garten von Unrat.

Durchführung

- Gehen Sie mit den Kindern gemeinsam in den Garten.
- Bitten Sie die Kinder, das Aussehen des Gartens zu beschreiben, zum Beispiel: *Es liegen Blätter auf dem Beet, da sind vertrocknete Blumen.*
- Gemeinsam werden die anstehenden Aufgaben besprochen: Verwelktes abschneiden; Unkraut erkennen und rupfen; Blätter aufsammeln; Erde mit den Spaten lockern; Gartenabfälle in der Biomülltonne sammeln; vorsichtiges Bewegen im Beet, damit keine Pflanzen zertreten werden; mit dem Rechen Blätter und kleine Äste entfernen.
- Tiere, die die Kinder beim Arbeiten im Garten entdecken, werden betrachtet und besprochen: Regenwürmer, Kellerasseln, Käfer.
- Gemeinsam wird Ausschau nach neu wachsenden Pflanzen gehalten, je nach Wachstumsstadium werden sie gemeinsam benannt.
- Zum Schluss fegen Sie gemeinsam die Wege, säubern die Arbeitsgeräte und räumen sie weg.
- Anschließend werden die Schuhe gesäubert und die Hände gewaschen.

Vertiefung

- Schauen Sie sich in der Gruppe mit den Kindern die Nachschlagewerke an. Beantworten Sie die Fragen der Kinder.
- Nehmen Sie Lupen mit in den Garten und betrachten Sie mit den Kindern die Tiere und Pflanzen genauer. Lassen Sie die Kinder beschreiben, was sie sehen.
- Zeigen Sie den Kindern Kräuter, die im Garten wachsen. Benennen, schmecken, riechen Sie diese und verarbeiten sie mit den Kindern zu einem Kräuterquark.

kleine Gartengeräte wie
- Schaufel
- Rechen
- Harke
- Dreizack
- Kinderspaten
- Gartenschere usw.

- Besen
- Handfeger
- Kehrblech
- Mülleimer oder -sack
- ggf. Arbeitshandschuhe
- wetterfeste Kleidung
- Gummistiefel
- Gartenschuhe,

Nachschlagewerke:
- *Lucht, Irmgard/ Spangenberg, Christa*: *Die Grüne Uhr (Heinrich Ellermann)*
- *Jakobs, Una*: *Die Erd-Uhr (Heinrich Ellermann)*
- *Smolik, H. W.: Pflanzen und Tiere in Deutschland (Naumann & Göbel)*

Auf sachgemäßen Umgang mit Werkzeugen bzw. Gartengeräten achten, besonders beim Gebrauch des Spatens, Dreizacks und der Gartenschere!

45 | 6 | ● ● ● ●

Wir bereiten ein gesundes Frühstück vor

- ungeflockte Haferkörner und Leinsamen
- saisonale Obstsorten, Rosinen und Nüsse
- Küchensiebe
- Brettchen
- Löffel
- Messer oder Küchenmesser
- Abfallbehälter
- Schüsseln
- Geschirrwagen
- Getreidemühle mit Flocker
- Eimer mit Lappen
- Schürzen

! Hygiene- und Lebensmittelhygieneverordnung beachten.

! Sicherheitsvorschriften der Getreidemühle beachten.

Lernerfahrungen

- Den Wortschatz zum Thema „Lebensmittel" erweitern und vertiefen.
- Den Gebrauch von Artikeln erweitern und vertiefen.
- Satzstruktur erweitern und vertiefen.
- Olfaktorische Adjektive anwenden.

Vorbereitung

- Vergewissern Sie sich, ob eventuell Allergien bei Kindern bestehen.
- Besorgen Sie die eingeplanten Lebensmittel beziehungsweise lassen Sie sich diese durch die Eltern mitbringen.
- Bieten Sie bereits vorgeschnittene Obststückchen von jeder Sorte an, damit die Kinder diese probieren können, bevor sie sie selbst zubereiten.
- Je nach Entwicklungsstand der Kinder sollten Sie härtere Obstsorten schon entkernen und vierteln.
- Überprüfen Sie die Getreidemühle auf ihre Funktionsfähigkeit. Eignen Sie sich die Handhabung des Gerätes an. Überlegen Sie, wie Sie den Kindern die Funktion erklären können.
- Tragen Sie Sorge dafür, dass der Arbeitsbereich gesäubert ist.
- Klären Sie, ob es sinnvoll ist, das Müsli vollständig zuzubereiten oder es lieber wie ein Büffet aufzubauen, damit die Kinder frei wählen können.

Durchführung

- Gemeinsam waschen sich alle Beteiligten die Hände und ziehen sich die Schürzen an.
- Gehen Sie mit den Kindern zum vorbereiteten Arbeitsplatz und besprechen Sie die Zutaten.
- Die Kinder beschreiben das Aussehen der einzelnen Obstsorten: *Der Apfel ist grün und rund.*
- Lassen Sie die Kinder die Obstsorten nacheinander probieren und den Geschmack beschreiben, zum Beispiel: *Der Apfel schmeckt sauer, die Banane ist süß.*
- Verfahren Sie ebenso mit den Rosinen und Nüssen.
- Lassen Sie nun die Kinder das zu bearbeitende Obst waschen.
- Entscheiden Sie je nach Entwicklungsstand der Kinder, wer welches Obst mit welchem Messer schneidet.
- Das Obst, die Rosinen und die Nüsse werden in eine oder in mehrere separate Schalen gefüllt.
- Betrachten Sie mit den Kindern die Haferkörner und die Leinsaat: Lassen Sie die Kinder die Körner kauen und beschreiben, was sie erleben.
- Erklären Sie den Kindern die Getreidemühle mit dem Flocker. Flocken Sie mit den Kindern die Haferkörner und die Leinsaat.
- Die Kinder füllen das Getreide und den Joghurt in Schüsseln und bieten es auf dem Geschirrwagen dar.
- Die Kinder bringen die benutzten Materialien zur Spüle und reinigen den Arbeitsplatz.

Wie verhalte ich mich im Straßenverkehr richtig?

30 10

Lernerfahrungen
- Die Verkehrszeichen kennenlernen.
- Satzstrukturen erweitern und vertiefen.
- Adjektive anwenden und in Bewegung umsetzen.
- Den Wortschatz zum Thema „Fahrzeuge" erweitern und vertiefen.
- Farben und Formen benennen.

Vorbereitung:
- Stellen Sie funktionstüchtige Fahrzeuge bereit.
- Stellen Sie Verkehrsschilder her oder leihen Sie diese aus.
- Zeichnen Sie einen Straßenparcours mit Straßenmalkreide auf.

Durchführung
- Fordern Sie die Kinder auf, auf dem „Verkehrsplatz" die Funktion der Fahrzeuge zu erklären.
- Erläutern Sie mit den Kindern die Bedeutungen der ausgewählten Verkehrsschilder: Achtungsschilder, das Stoppschild usw.
- Sprechen Sie die Verkehrsregeln anhand des vorgegebenen Platzes ab, zum Beispiel das Verhalten an Ampelanlagen und an Zebrastreifen: *Wie fahre ich in den Kreisverkehr? Wie fahre ich an eine Kreuzung heran?*

Vertiefung
- Basteln Sie mit den Kindern Verkehrszeichen.
- Erstellen Sie gemeinsam ein Verkehrstischspiel, Memory oder Ähnliches.
- Schauen Sie sich hierzu Bilderbücher an.
- Machen Sie einen Spaziergang durch Ihren Bezirk und nehmen Sie aktiv mit den Kindern am Verkehrsgeschehen teil.
- Spielen Sie mit den Kindern auf einem Verkehrsspielteppich.

Fahrzeuge
- Roller
- Bobby-Car
- Dreiräder
- Fahrräder

- Verkehrszeichen
- Straßenmalkreide

- Bilderbuch: *Suess, Anne, Büsch, Dieter: Das große Verkehrsbuch. Richtiges Verhalten im Straßenverkehr. (Schwager und Steinlein)*

30 | 6

Wasser messen

Lernerfahrungen

- Messeinheiten und Messutensilien kennenlernen.
- Steigerungsformen anwenden, erweitern und vertiefen.
- Zählen üben.

- Messbecher, Messzylinder
- durchsichtige Becher in verschiedenen und gleichen Größen
- Aufnehmer
- Lappen
- Handtücher
- nicht wasserfeste Filzstifte

Vorbereitung:

- Stellen Sie eine Kiste mit Messbechern, Zylindern, Linealen bereit.
- Halten Sie Eimer mit Aufnehmern und Putzlappen zur Verfügung.

Durchführung

- Nehmen Sie eine Kiste mit Messutensilien: *Sollen wir einmal messen, wie viel Wasser in deinem Becher ist?*
- Die Kinder füllen Wasser in einen Messbecher. Lassen Sie die Kinder die Striche zählen.
- Je nach Entwicklungsstand können Sie den Kindern auch die Messeinheiten erklären. Lassen Sie die Kinder die Einheiten markieren.

Vertiefung

- Die Kinder füllen nun unterschiedliche Mengen Wasser in gleich große Becher. Lassen Sie die Kinder die Wasserstände vergleichen und sie in eine Reihenfolge bringen: *In welchem Becher ist das wenigste Wasser, in welchem das meiste?*
- Fordern Sie die Kinder auf, die gleiche Menge Wasser in verschieden große oder hohe Gefäße zu kippen. Die Kinder beschreiben, was sie sehen: *In dem Becher steht das Wasser höher. Hier ist es weniger hoch.*
- Die Kinder kontrollieren ihre Beobachtungen durch die Messbecher und benennen dabei die Maßeinheit. Bitten Sie sie zu beschreiben, was sie beobachten.

Spaziergang durch den Kindergarten

30 | 8

keine Materialien erforderlich

Lernerfahrungen

- Die geometrischen Grundformen erkennen und zuordnen.
- Vergleiche anwenden, erweitern und vertiefen.

Vorbereitung:

- Gehen Sie durch die Einrichtung und überlegen Sie, auf welche geometrischen Formen die Kinder stoßen können.

Durchführung

- Wandern Sie mit den Kindern durch die Einrichtung und erklären Sie ihnen, dass Sie geometrische Formen suchen und wiederfinden wollen.
- Bilden Sie mit den Kindern gemeinsam Vergleichsformen: Die Pinnwand sieht aus wie ein Rechteck.
- Abwandlung des Spiels *Ich sehe was, was du nicht siehst:*
  Ich sehe was, was du nicht siehst und das ist kreisrund, was ist das? Die Wanduhr sieht aus wie ein Kreis.

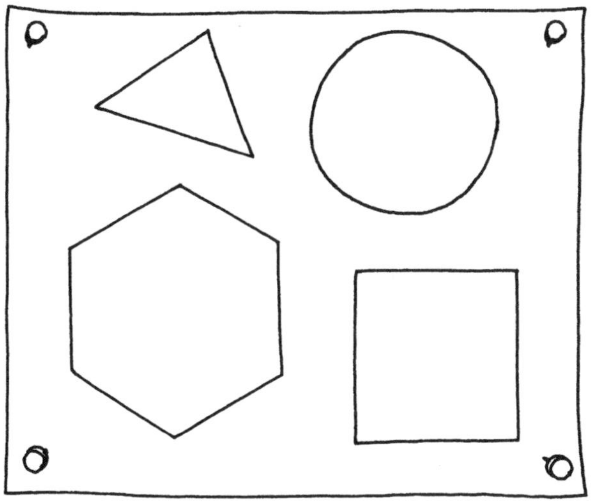

Vertiefung

- Die Kinder spielen das Spiel allein.
- Aus den Grundformen gestalten die Kinder Figuren.

Variationen

- Die Kinder benennen Farben und Formen: *Ich sehe was, das ist kreisrund und rot. Das Schild* ***Durchfahrt verboten*** *sieht aus wie ein Kreis und ist rot.*
- Kindergartenrallye: Suche ein gelbes Quadrat.

Ähnliche Aktivitäten

- Ich habe Schnupfen (siehe S. 120)

10 1

je nach Anlass

Aufgaben übernehmen

Lernerfahrungen

- Aufgaben verstehen und umsetzen.
- Satzgefüge verstehen und bilden.
- Artikulation üben.

Vorbereitung:

- Überlegen Sie sich, welche Arten von Botengängen für Kinder geeignet sind.

Durchführung

- Im Alltag fallen viele kleine Botengänge an, die die Kinder übernehmen können. Wenn Sie zum Beispiel aus der Nachbargruppe ein Buch benötigen, beauftragen Sie ein Kind, dieses spezielle Buch zu holen: *Hole bitte in der ...-Gruppe das ...- Buch bei Frau ..., frage nach, wie lange wir dieses Buch ausleihen dürfen.*
- Lassen Sie das Kind den Arbeitsauftrag wiederholen. So sind Sie sicher, dass es diesen verstanden hat.
- Schicken Sie das Kind nun los. Warten Sie ab, ob das Kind den Auftrag erfüllt hat, ansonsten wiederholen Sie diesen.
- Fragen Sie möglichst zeitnah bei dem Kollegen nach, was das Kind gefragt hat. So haben Sie eine zusätzliche Lernzielkontrolle.

Vertiefung

- Die Botengänge können im Schwierigkeitsgrad gesteigert werden.

Variationen zum Angebot

- Schicken Sie zwei Kinder, die einen unterschiedlichen Entwicklungsstand haben, gemeinsam Botengänge erledigen. So können die Kinder voneinander lernen.

Wer ist der Größte?

20 | 6

Lernerfahrungen

- Artikel erweitern und vertiefen.
- Den Wortschatz zum Thema „Größenbestimmungen“ erweitern und vertiefen.
- Steigerungsformen erweitern und vertiefen.

Zollstöcke

Durchführung

- Besprechen Sie mit den Kindern, wer in der Familie der Größte ist: *Wer ist größer, der Papa oder du?*
- Fordern Sie die Kinder auf, ihre Größe mithilfe eines Zollstocks zu messen.
- Stellen Sie mit den Kindern weitere Vergleiche an: *Mama ist kleiner als Papa.*

Vertiefung

- Bitten Sie die Kinder, Familienbilder zu malen, wobei die Größenverhältnisse sichtbar werden sollen.

Variationen

- Stellen Sie mit den Kindern eine Messlatte her, in die Sie die Größe der Kinder einzeichnen.

Ähnliche Aktivitäten

- Ich bin Busfahrer! (siehe S. 95)
- Formel 1 im Kindergarten (siehe S. 107)
- Das Krokodil und der Tiefseeschatz (siehe S. 110)
- Was kreucht und fleucht in unserem Garten? (siehe S. 124)

15 | alle | •

Zootiere

- Musik-CD + Musikanlage
- eventuell Bilder von Zootieren

Lernerfahrungen

- Tierbewegungen imitieren.
- Den Wortschatz zum Thema „Zootiere" vertiefen.
- Genaues Hinhören üben.

Vorbereitung

- Stellen Sie einen großen Raum ohne Bestuhlung bereit.

Durchführung

- Erklären Sie den Kindern das Szenario: Der Zoodirektor hat beschlossen, dass der Zoo für Erwachsene geschlossen bleibt und die Tiere selbst einmal im Zoo spazieren können. Kinder dürfen nur dann mit im Zoo herumlaufen, wenn sie sich so gut wie möglich in diese Tiere verwandeln.
- Spielen Sie eine Musik ein, die Sie immer wieder stoppen, um den Kindern Tiernamen zuzurufen. Bitten Sie die Kinder, sich in die ausgerufenen Tiere zu verwandeln.
- Achten Sie darauf, dass die Tiere unterschiedliche Bewegungsqualitäten aufweisen: Große und schwere Tiere, kleine und schnelle Tiere, bodennahe oder kriechende Tiere sollten im Wechsel angeboten werden.

Vertiefung

- Ein Kind übernimmt die Rolle des Zoodirektors.

Variationen zum Angebot

- Fordern Sie die Kinder auf, zum Abschluss des Spaziergangs ein Tierkonzert zu geben. Teilen Sie die Kinder dazu in Kleingruppen auf, die jeweils ein spezielles Tiergeräusch zugeordnet bekommen. Nun kann der Zoodirektor die Tiergruppen mit einfachen Handzeichen für *laut, leise, langsam* und *schnell* dirigieren.

Standbilder

15 | 12

Lernerfahrungen

- Wortschatz zu verschiedenen Themen entwickeln.
- Mit Körpersprache und Mimik kommunizieren.

Vorbereitung

- Stellen Sie einen großen Raum ohne Bestuhlung bereit.

- Liste mit darstellbaren Begriffen
- Handtrommel oder Musik-CD

Durchführung

- Fordern Sie die Kinder auf, zum Rhythmus der Trommel oder Musik frei im Raum umherzugehen.
- Erklären Sie ihnen, dass sie sich beim Stopp der Musik rasch einen Partner suchen sollen.
- Rufen Sie nun laut einen Begriff, den die Partner gemeinsam in einem Standbild darstellen.
- Bitten Sie die Kinder, auf das Kommando „weiter" wieder alleine im Raum umherzugehen, bis die Musik wieder stoppt und sie sich einen neuen Partner suchen müssen. Wieder nennen Sie einen gut darstellbaren Begriff (Beispiele: *Baum, Bett, Zaun, Auto, Haus, Berg, Blume, Wolke, Wasser, Boot, Höhle usw.)*

Vertiefung

- Regen Sie die Kinder an, selbst Begriffe zu finden und zu nennen.
- Geben Sie den Kindern für die Standbilder Orte vor: *auf einer Baustelle, auf dem Bauernhof, auf dem Mond usw.*

20 | 8

Handschuhpuppen

Lernerfahrungen

- Eigene Ideen für eine Handschuhpuppe umsetzen und die Figur vorstellen.
- Sprechfreude entwickeln.
- Dialogfähigkeit erweitern.

- Einmalhandschuhe
- Wollreste
- Kleber
- Transparentpapier
- Edding
- Kordel
- kleine Gummibänder

Vorbereitung

- Legen Sie die Materialien zur Gestaltung der Handschuhpuppen sortiert auf einem Arbeitstisch aus.

Durchführung

- Geben Sie jedem Kind einen Einmalhandschuh, den es über eine Hand zieht, pusten Sie ihn eventuell etwas auf und binden ihn dann mit einer Kordel am Handgelenk fest.
- Bitten Sie die Kinder, ihrem Handschuh mit einem Textmarker Augen, Mund und Nase in die Handinnenfläche oder die Finger zu malen.
- Jetzt können Wollreste oder Transparentpapierstreifen als Haare oder Ohren aufgeklebt werden.
- Fordern Sie die Kinder auf, ihrer Figur einen Namen zu geben und diese im Kreis vorzustellen.
- Ermuntern Sie die Kinder, Fragen an die einzelnen Puppen zu stellen: *Was isst du besonders gern? Was möchtest du einmal werden? Was würdest du tun, wenn du viel Geld gewinnen würdest?* usw.
- Animieren Sie die Kinder dazu, dass sich einzelne Puppen begegnen und miteinander sprechen beziehungsweise kleine Szenen spielen.

Wäscheleine

20 · alle

eine alte Damenperücke

Lernerfahrungen

- Ein Satzmuster anwenden.
- Den Wortschatz zum Thema „Kleidung“ entwickeln.

Durchführung

- Bitten Sie die Kinder, sich in einem Kreis aufzustellen und erklären Sie ihnen, dass in der Mitte eine imaginäre Wäscheleine aufgespannt ist.
- Besprechen Sie mit ihnen, was an der Leine hängen soll und spielen Sie mit ihnen zusammen, wie man diese Kleidungsstücke üblicherweise anzieht. Es sollte deutlich an den Bewegungen zu unterscheiden sein, ob sie eine Hose, ein T-Shirt oder eine Jacke überziehen.
- Erklären Sie, dass sich ein Kind Wäsche von der Leine holt und anzieht. Der Mutter passt es nicht, wenn man die Sachen ungebügelt trägt. Spielen Sie dazu einmal die Rolle des Kindes vor, einmal die der Mutter und betonen Sie den immer wiederkehrenden Satz der Mutter: *Aber Kind, die Hose (das Kleid ...) muss man bügeln!*
- Nun beginnt die Spielrunde: Bitten Sie ein Kind, die Perücke aufzusetzen und die Rolle der Mutter zu übernehmen. Ein anderes Kind geht zur Wäscheleine, nimmt Wäscheklammern und ein unsichtbares Kleidungsstück ab und zieht dieses pantomimisch an. Die Mutter beobachtet alles, tritt dann auf, zeigt sich entsetzt, schlägt die Hände über dem Kopf zusammen und ruft: *Aber Kind, die Hose muss man bügeln!* Das Kind aber lacht nur und geht zurück an seinen Platz.
- Geben Sie die Perücke an das nächste Kind weiter.

Vertiefung

- Reflektieren Sie mit den Kindern: *Hat das Kind gut gespielt? Hat die Mutter gut beobachtet oder war vielleicht ein ganz anderes Kleidungsstück gemeint?*

20 alle

Stupsfangen

Lernerfahrungen

- Den Wortschatz zum Thema „Körperteile“ entwickeln.
- Mehrwortsätze bilden.

Vorbereitung

- Stellen Sie einen großen Raum oder das Außengelände ohne Gegenstände bereit.

Durchführung

- Bitten Sie die Kinder, einzelne Körperteile zu nennen und zu zeigen.
- Wählen Sie einen Fänger aus, der ein anderes Kind beim Fangen an einer bestimmten Körperstelle „stupst“.
- Das dadurch gefangene Kind muss nun möglichst laut jammern: *Oh, meine Schulter!* Es hält dabei diese Körperstelle fest. Alle anderen Kinder jammern nun auch und halten sich die Schulter.
  Erklären Sie jetzt das gestupste Kind zum Fänger, während sich alle anderen, die weglaufen, weiterhin die Schulter halten müssen. Erwischt der neue Fänger nun ein Kind am Bein, jammert dieses wieder laut: *Oh, mein Bein!* Alle halten sich an der gleichen Stelle das Bein und müssen so weiterlaufen.

Vertiefung

- Fordern Sie die Kinder auf, beim Gestupstwerden vollständige Sätze zu jammern: *Oh, ich bin am Bein getroffen worden!* oder *Oh, mein Arm ist verletzt!*

Schlaraffenland

20 | alle

Lernerfahrungen

- Den Wortschatz zum Thema „Lebensmittel“ entwickeln.
- Ein vorgegebenes Satzmuster wiederholen.
- Rufsätze verwenden.

Durchführung

- Führen Sie mit den Kindern ein Gespräch darüber, was ein Schlaraffenland ist: Die geliebten Lebensmittel können vom Baum geschüttelt werden oder fliegen direkt durch die Luft, man muss nur die Hand ausstrecken.
- Bitten Sie die Kinder, sich gemeinsam in einem großen Kreis aufzustellen, dabei muss jedes Kind seine Arme seitlich ausstrecken können, jeder braucht genügend Bewegungsfreiheit.
- In der Mitte des Kreises steht ein imaginärer Baum, von dem man sich sein Lieblingsessen schütteln kann, oder man greift einfach in die Luft und holt es sich aus der Luft.
- Fordern Sie die Kinder reihum auf, zu spielen: Das Kind schüttelt den Baum oder greift in die Luft, sagt, was es hat: *Oh, lecker, ein Hähnchen!* und isst das Hähnchen hähnchengemäß auf. Alle anderen wiederholen nun den Satz und die Handlung!
- Das nächste Kind schüttelt vielleicht ein Bonbon vom Baum, das muss natürlich anders gegessen werden als das Hähnchen.

Variationen zum Angebot

- Die Kinder verbalisieren nicht, was sie vom Baum oder aus der Luft gepflückt haben, sondern spielen es nur vor. Die übrigen Kinder versuchen zu erraten, um welches Lebensmittel es sich handelt und spielen mit.

Ähnliche Aktivitäten

- Manege frei! (siehe S. 148)
- Königin und Dienerin (siehe S. 155)
- Fliegender Teppich (siehe S. 159)

30 | 12

Manege frei!

Lernerfahrungen

- Den Imperativ anwenden.
- Den Wortschatz zu Verben der Bewegung entwickeln.
- Den Wortschatz zum Thema „Zirkus und Zirkustiere“ entwickeln.

- Tiermasken
- evtl. Jacke für den Dompteur
- Stuhl
- Reifen
- Seil
- Tuch
- Kiste

Durchführung

- Besprechen Sie mit den Kindern, welche Aufgabe ein Dompteur im Zirkus hat: Wie spricht er mit den Tieren? Welche Tiere lassen sich gut dressieren? Welche Befehle könnte er den Tieren geben?
- Sammeln Sie Begriffe im Imperativ: *Spring! Hüpf! Lauf! Kriech! Sitz! usw.*
- Bitten Sie die Kinder, kurze Szenen vorzuspielen, in denen ein Kind als Dompteur, eines als Tier agiert. Das Verb sollte verknüpft werden mit einem konkreten Auftrag, zum Beispiel:
  Hüpf auf den Stuhl! Spring durch den Reifen!
  Achtung: Vergewissern Sie sich, dass das Kind beim eventuellen Einsatz einer Tiermaske genügend sieht.

Vertiefung

- Regen Sie die Zuschauer an, sich eine Aktion des Dompteurs oder eines Tieres zu wünschen, die dann gezeigt wird.

Ähnliche Aktivitäten

- Schlaraffenland (siehe S. 147)
- Königin und Dienerin (siehe S. 155)
- Fliegender Teppich (siehe S. 159)

Ein langer Tag

15 | alle

Lernerfahrungen

- Mehrwortsätze bilden.
- Verben im Perfekt anwenden.
- Sich an Vergangenes erinnern und es versprachlichen.

Durchführung

- Richten Sie mit den Kindern zur Reflexion des Tages einen Stuhlkreis ein, dessen eine Seite offen ist. Dort steht eine kleine Mauer aus aufgeschichteten Bauklötzen.
- Bitten Sie nun die Kinder, die Bauklötze abzutragen, indem sie einzelne Tagesaktivitäten schildern: *Wir haben gemalt.*
- Hat das Kind den Satz richtig formuliert, darf es einen Stein von der Mauer abtragen.
- Nun sind alle dran: Regen Sie dazu an, die genannte Aktivität zu wiederholen, indem sie pantomimisch gespielt wird.
- Nun schildert ein anderes Kind eine Tagesaktivität und trägt einen Bauklotz ab. Wieder spielen alle es nach.

Vertiefung

- Ein Kind spielt pantomimisch seine Tagesaktivität vor. Die zuschauenden Kinder raten, was gemeint ist.

Bauklötze

20 | 10

Gärtner und Lehrling

Lernerfahrungen

- Handlungen imitieren.
- Passende Verben für Handlungen finden.
- Den Wortschatz zum Thema „Garten“ erweitern.

- evtl. Schnüre
- Tücher
- Bauklötze
- Teppichfliesen usw.

Durchführung

- Besprechen Sie mit den Kindern, was die Aufgabe eines Gärtners ist (möglicherweise mithilfe eines Kinderbuches).
- Fordern Sie die Kinder auf, die wichtigsten Tätigkeiten eines Gärtners in pantomimische Bewegungen umzusetzen.
- Bitten Sie die Kinder nun, sich jeweils zu Paaren zusammenzutun und abzusprechen, wer zuerst Gärtner und wer zuerst Lehrling ist.
- Achten Sie darauf, dass die Gartenfläche eingegrenzt ist, zum Beispiel durch Schnüre oder Kreidestriche auf dem Boden.

- Nun beginnt der Gärtner mit der (pantomimischen) Arbeit, lässt aber nach jedem Handlungsschritt dem Lehrling Zeit, die gleiche Bewegung auszuführen. Dabei können Tücher als Pflanzen eingesetzt werden, Bauklötze können Gemüse darstellen usw.
- Begrenzen Sie die Arbeitszeit auf etwa drei Minuten.
- Bitten Sie anschließend im Stuhlkreis alle „Lehrlinge“ zu beschreiben, was sie mit dem Gärtner gemacht haben: *War alles eindeutig? Hätte der Gärtner etwas besser zeigen können?* Nun werden die Rollen getauscht. Der Spielleiter stoppt wieder etwa drei Minuten ab, die neuen Lehrlinge äußern sich.

Flohmarkt

30 | 12

Decke

Lernerfahrungen

- Den Wortschatz zum Thema „Spielzeug“ erweitern.
- Den Wortschatz zum Thema „Haushalt“ erweitern.
- Sprache emotional einsetzen: Anpreisen von Gegenständen.
- Mit Körpersprache und Mimik kommunizieren.

Durchführung

- Sammeln Sie mit den Kindern Begriffe für typische Flohmarktgegenstände.
- Breiten Sie eine Decke auf dem Boden aus und postieren sie ein oder zwei Kinder als Verkäufer dahinter. Diese Kinder dürfen nun andere Kinder als Verkaufsgegenstand auf ihre Decke stellen. So verwandelt sich ein Kind zum Beispiel in eine Stehlampe, ein anderes in einen Ball usw.
- Ermuntern Sie nun die Verkäufer, ihre Ware lautstark anzupreisen.
- Wählen Sie andere Kinder als Käufer aus, die Gegenstände erwerben.

Vertiefung

- Der Verkäufer hat Zauberkräfte und kann die Gegenstände nach den Wünschen des Käufers verändern, zum Beispiel vergrößern oder verkleinern. Dabei kann er die Gegenstands-Kinder behutsam verbiegen.

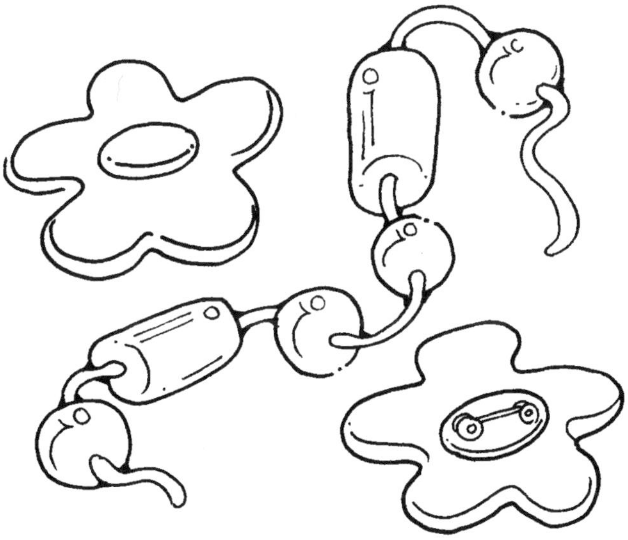

20 | 12 | ⁛

Tiere wünschen

- so viele Abbildungen von Tieren, wie Kinder mitspielen
- Kreppklebeband oder Heftnadeln

Lernerfahrungen

- Sprechfreude erleben.
- Ein rhythmisiertes Sprachmuster wiedergeben.
- Artikel mit richtiger Flexion benutzen.
- Wortschatz zu verschiedenen Themen erweitern (siehe Variationen).

Vorbereitung

- Stellen Sie einen Stuhlkreis mit einem zusätzlichen Stuhl.

Durchführung

- Zeigen Sie nacheinander die Tierbilder und überlegen Sie mit den Kindern, welches Geräusch und welche Fortbewegungsart für das jeweilige Tier typisch sind.
- Lassen Sie jedes Kind eine Tierkarte auswählen und heften Sie diese gut sichtbar an das T-Shirt des Kindes.
- Erinnern Sie die Kinder an die Spielregel von „Mein rechter, rechter Platz ist frei …“ und stellen Sie ihnen die Tiervariation vor: *Mein rechter, rechter Platz ist frei, ich wünsche mir den Tiger herbei!*
- Wünscht sich nun ein Kind im Kreis ein bestimmtes Tier auf seinen rechten Platz, muss das angesprochene Tier sich entsprechend bewegen und auch sein typisches Tiergeräusch dazu produzieren.

Variationen

- Verfahren Sie ebenso mit anderen Themenbereichen: Fahrzeuge, Wetterphänomene, Märchenfiguren, Gefühle usw.

Wenn ich groß bin

30 | 12 | •••

Lernerfahrungen

- Sätze mit Wenn-dann-Struktur anwenden.
- Verben einsetzen.

Vorbereitung

- Kleben Sie die größer kopierten Hände der einzelnen Kinder auf Einmal-Handschuhe auf.

Durchführung

- Sprechen Sie mit den Kindern über das Thema „Wachsen“: *Wie verändert sich der Körper? Was ist der Unterschied von Händen der Erwachsenen und der Kinder? Was tun Kinderhände gerne? Was tun Erwachsenenhände gerne?*
- Kündigen Sie den Kindern an, dass Sie ihre Hände so groß zaubern, als seien sie schon erwachsen und teilen Sie den Kindern ihre Einmal-Handschuhe mit den größer kopierten eigenen Händen aus.
- Animieren Sie die Kinder auszuprobieren, wie sich Bewegungen mit großen Händen anfühlen.
- Spielen Sie mit den Kindern im Kreis: *Was tust du, wenn du groß bist?* Lassen Sie die Kinder dabei Sätze formulieren und die Ideen dazu spielen.

- Kopie von beiden Handflächen jedes Kindes, vergrößert auf Erwachsenengröße
- Einmal-Handschuhe

20 10

Stimmungen würfeln

Mimik-Würfel in der Größe 40 x 40 cm aus Schaumstoff (in Anlehnung an die MIMÜRFEL von *Hajo Bücken,* zu beziehen im *Robin Hood Versand, Rolland und Baer, Küppelstein 36, 42857 Remscheid)*

Lernerfahrungen

- Den Wortschatz zum Thema „Gefühle“ erweitern.
- Mit Körpersprache und Mimik kommunizieren.

Durchführung

- Bitten Sie die Kinder, sich in einen Stuhlkreis zu setzen.
- Zeigen Sie den Kindern die verschiedenen Würfelgesichter und besprechen Sie sie.
- Nun wird reihum gewürfelt, wobei die ganze Gruppe sofort die auf dem Würfel dargestellte Stimmung übernimmt, also *weint, lacht, erstaunt ist* usw.

Vertiefung

- Es werden kleine Spielszenen oder kurze Begegnungen gespielt in der jeweiligen Stimmung.
- Für jeden Spieler wird ein anderes Gefühl gewürfelt, das er in der Spielszene spielerisch umsetzen muss.

Variationen zum Angebot

- Es werden kleine Szenen - zum Beispiel Brötchenkauf beim Bäcker - in verschiedenen Gefühlen wiederholt gespielt.

Königin und Dienerin

15 | 12

Lernerfahrungen
- Sätze oder Anweisungen merken und anwenden.
- Handlungsaufträge erinnern und ausführen.

Vorbereitung
- Organisieren Sie einen großen, möglichst freien Raum mit halb so viel Stühlen wie Mitspielern.

Stühle

Durchführung
- Bitten Sie die Kinder, sich zu Paaren zusammenzufinden.
- Lassen Sie die Spielpartner entscheiden, wer zuerst die Rolle der Königin beziehungsweise der Dienerin übernehmen soll.
- Die Dienerin bekommt einen Stuhl, den sie aber am Spielfeldrand abstellen muss.
- Erklären Sie den Kindern nun folgende Aufträge: Stöhnt die Königin: *Mir ist heiß!,* muss die Dienerin ihr mit den Händen Luft zufächeln. Seufzt die Königin: *Oh, mein Rücken!,* muss die Dienerin ihr sofort vorsichtig den Rücken massieren. Klagt die Königin: *Ich bin müde!,* muss die Dienerin sofort den Stuhl vom Spielfeldrand holen. Witzig ist dabei, dass die Königin sich schon vorsichtig in der Luft hinsetzt, um die Dienerin zu beschleunigen. Denn diese möchte natürlich nicht, dass ihre Königin auf dem Boden landet! Ebenso muss sie sich beim Luft zufächeln anstrengen, denn die Königin könnte sonst in Ohnmacht fallen.
- Bitten Sie die Königinnen nun, im Raum (Schlosspark) hin und her zu wandeln. Die Dienerinnen folgen ihren Königinnen auf dem Fuß und achten darauf, ob ihre Königin etwas sagt, stöhnt usw.
- Die Königinnen gehen aber nach jedem Kommando rasch weiter.
- Die Stühle müssen dann immer wieder von der Dienerin an den Rand zurückgebracht werden.
- Nach einer Weile werden die Rollen getauscht.

Ähnliche Aktivitäten
- Schlaraffenland (siehe S. 147)
- Manege frei! (siehe S. 148)
- Fliegender Teppich (siehe S. 159)

Freies Thema

40 | alle

Komm rein, Rosalie!

Lernerfahrungen

- Die Stimme spielerisch einsetzen.
- Den Wortschatz zum Thema „Sprechen“ erweitern.
- Adjektive verstehen und anwenden.

Bilderbuch: *Bröger, Achim/ Kreuzig, Stephan: Komm rein, Rosalie (Thienemann)*

Durchführung

- Lesen Sie in Abschnitten das Buch vor und zeigen Sie die Bilder dazu.
- Im Text gibt es viele Hinweise darauf, wie die Kinder und Monster sprechen oder welche Geräusche sie machen: Sie *knurren* und *zischen, ächzen* und *stöhnen, kichern, schreien, schlürfen, schmatzen, krächzen, brummen, sprechen mit donnernder Stimme.* Unterbrechen Sie die Buchbetrachtung immer wieder und ermuntern Sie die Kinder, eine Stimme oder ein Geräusch nachzuahmen.
- Beenden Sie die Buchbetrachtung und fragen Sie die Kinder, was ihnen Angst macht. Welche Geräusche mögen sie nicht, welche Art von Stimme oder Sprechweise gefällt ihnen nicht?

Vertiefung

- Die Kinder malen ein Monster und stellen es den anderen vor, indem sie es mit verstellter Stimme sprechen lassen.

Variationen zum Angebot

- Stellen Sie mit den Kindern „Tütenmonster“ her: Lassen Sie die Kinder auf große Papiertüten Monstergesichter aufmalen. Ein Kind setzt dann seine Tüte auf den Kopf, stellt sich vor die Gruppe, ein anderes Kind muss nun Geräusche oder eine Stimme dazu erfinden.

Freies Thema

20 | 12

Ich bin ein ...

Lernerfahrungen

- Zu einem Thema assoziieren.
- Satzmuster anwenden.
- Genaues Hinhören.

Vorbereitung

- Stellen Sie eine Spielfläche bereit, etwa acht mal acht Meter.

keine Materialien erforderlich

Durchführung

- Bitten Sie die Kinder, sich in einem Halbkreis aufzustellen. Die offene Seite wird damit zum „Bühnenraum". Ein Kind stellt sich nun in die Mitte der offenen Spielfläche und sagt: *Ich bin ein Baum.* Dabei nimmt es eine Körperhaltung ein, die an einen Baum erinnert.
- Die anderen Kinder assoziieren nun zum Thema *Baum.*
- Haben sie eine Idee, zum Beispiel *Vogel, Nest, Ast, Blatt* oder *Apfel,* fügen sie sich in das Bild ein als Vogel, Nest ... Es sollten nur zwei Kinder das Bild ergänzen!
- Nun sucht sich das Baum-Kind eines der weiteren Kinder aus und sagt zum Beispiel: *Ich nehme den Apfel mit.* Die beiden stellen sich wieder in den Halbkreis. Jetzt ist ein Kind übriggeblieben. Dies beginnt nun eine neue Spielrunde, indem es wiederholt, welchen Gegenstand es darstellt, zum Beispiel *Ich bin ein Ast*. Wieder ergänzen zwei Kinder das Bild, dabei sollten aber *Baum* und *Apfel* nicht mehr genannt werden.

15 8

Fotoapparat

Lernerfahrungen

- Gegenstände benennen.
- Mit Sprache spielen.

keine speziellen Materialien erforderlich

Vorbereitung

- Richten Sie einen Raum her, der nicht zu viel Mobiliar enthält.

Durchführung

- Bitten Sie die Kinder, sich zu Paaren zusammenzufinden.
- Erklären Sie, dass *ein* Kind die Augen fest schließt und einen Fotoapparat spielt.
- Das andere Kind ist der Fotograf und führt seinen „Fotoapparat" vorsichtig durch den Raum, genau vor einen Gegenstand.
- Jetzt tippt der Fotograf auf den Auslöser – den Kopf des Fotoapparates –, das Kind öffnet für eine Sekunde die Augen, schließt sie sofort wieder und merkt sich den fotografierten Gegenstand.
- Am Ende wird der Film entwickelt und das Kind benennt die Bilder, die es sich gemerkt hat.

Vertiefung

- Bitten Sie die Kinder, den Gegenständen selbst erfundene Quatschnamen zu geben.
- Lassen Sie die Kinder die Gegenstände beschreiben, sodass die anderen raten müssen, was man fotografiert hat.

Fliegender Teppich

15 alle

Lernerfahrungen

- Satzstrukturen erweitern.
- Den Wortschatz zum Thema „Stadt/Gebäude“ erweitern.
- Rufsätze verwenden.

nicht zu großer Spielteppich

Durchführung

- Führen Sie mit den Kindern ein Gespräch über die Stadt und die Gebäude, die es in jeder Stadt gibt: Kirche, Rathaus, Krankenhaus, Feuerwehrwache, Polizeistation, Bahnhof, Kindergarten, Schule, Einkaufszentrum, Supermarkt usw. (eventuell mithilfe eines Kinderbuches oder Luftaufnahmen der Stadt).
- Legen Sie einen kleinen Teppich in die Mitte des Gesprächskreises und erklären Sie den Kindern das Phänomen des „fliegenden Teppichs“.
- Überlegen Sie mit den Kindern, wie eine Stadt von oben aussieht. Wie nimmt ein Vogel sie wahr?
- Fordern Sie ein Kind auf, als Baumeister mitzufliegen und starten Sie durch ein passendes Luftgeräusch den Teppich.
- Nun können sich weitere Kinder melden, die Baumeister sein möchten, die also ebenfalls ein Gebäude kennen und benennen können. Lassen Sie die Kinder jeweils sagen, was sie gebaut haben: *Ich habe das Krankenhaus gebaut!*
- Daraufhin landet der Teppich (alle machen ein Luftgeräusch dazu), und der Baumeister nimmt auf ihm Platz. Der Teppich startet wieder mit Geräusch. Aus der Luft zeigt der Baumeister dann auf sein Gebäude: *Da hinten, da ist mein Krankenhaus!*
- Nun melden sich weitere Baumeister, nennen ihr Gebäude, der Teppich landet, das Kind nimmt Platz, der Teppich fliegt wieder hoch, aus der Luft zeigt jeder sein Gebäude und ruft: *Da hinten, da ist mein ...!* Alle anderen Baumeister auf dem Teppich müssen nun gebührend staunen.

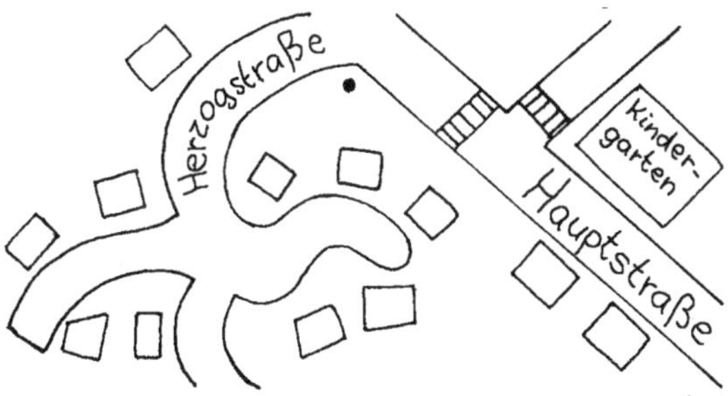

Ähnliche Aktivitäten

- Schlaraffenland (siehe S. 147)
- Manege frei! (siehe S. 148)
- Königin und Dienerin (siehe S. 155)

10 | 8

Das Äffchen

Lernerfahrungen

- Sich eine steigende Anzahl von Silben merken und wiedergeben.
- Die phonologische Bewusstheit stärken.
- Die Dialogfähigkeit fördern.

evtl. kleine Handtrommeln

Vorbereitung

- Stellen Sie einen ruhigen Raum mit Stuhlkreis bereit.

Durchführung

- Erzählen Sie den Kindern von einem Äffchen im Zoo, das die Affensprache beherrscht. Die anderen Äffchen lernen von ihm. Dabei müssen sie sich genau merken, was sie gehört haben.
- Sprechen Sie den Kindern nun zunächst drei Silben vor (Unsinnswörter), zum Beispiel ta-ba-bi. Fordern Sie die Kinder auf, dies nachzusprechen.
- Nachdem die Kinder einige dreisilbige „Wörter“ gelernt haben, bieten Sie ihnen vier- bzw. fünfsilbige Unsinnswörter an, die die Kinder nachsprechen.

Vertiefung

- Lassen Sie die Kinder selbst dreisilbige Unsinnswörter erfinden. Was könnten sie in der Menschensprache bedeuten? Animieren Sie die Kinder, Gesten dazu zu erfinden, die den Begriff beschreiben.

Variationen zum Angebot

- Ermutigen Sie jeweils zwei Partnerkinder, in der Affensprache miteinander zu sprechen. Dabei sollte ein Dialog geführt werden, jedes Kind soll dem anderen Kind Raum lassen zu antworten. Unterstützen Sie den Silben-Rhythmus dadurch, dass sie auf einer kleinen Trommel dazu schlagen.
- Stellen Sie den Partnern zwei Trommeln zur Verfügung und lassen sie ein Trommelgespräch führen. Dies kann mit oder ohne Silbensprechen passieren.

Spaziergang mit einem Freund

20 8

Lernerfahrungen

- Sprechfreude erleben.
- Den Wortschatz zum Thema „Natur“ erweitern und vertiefen.

Vorbereitung

- Pumpen Sie für alle Kinder Luftballons auf und bemalen Sie diese mit einfachen, freundlichen Gesichtern.
- Befestigen Sie Bänder an den Luftballons.

- Musik-CD
- vorbereitete Luftballons

Durchführung

- Entwerfen Sie in einem Gespräch mit den Kindern ein Naturszenario: Alle stellen sich vor, der Raum sei ein Wald oder Park. *Was wächst dort alles? Welche Farben haben die Blumen? Was riecht gut? Kann man Tiere sehen?*
- Knüpfen Sie nun jedem Kind einen Luftballon an die linke Hand (Linkshänder an die rechte Hand!) und bitten Sie die Kinder mit diesem Luftballon zur Musik spazieren zu gehen. Der Luftballon stellt einen Freund dar, dem man den Wald/Park zeigen möchte.

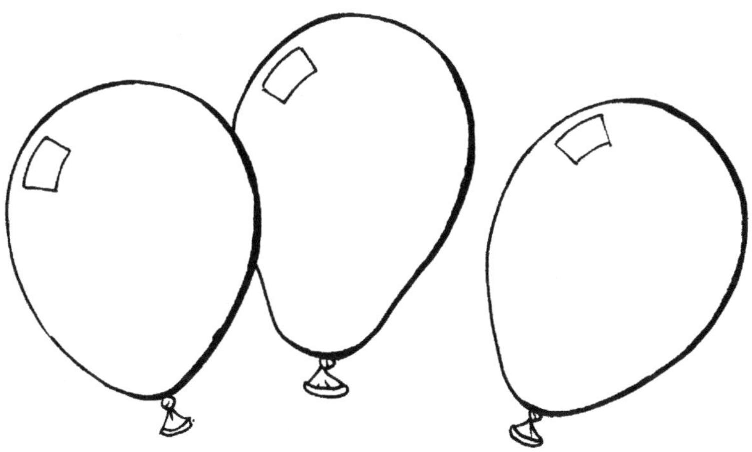

- Bitten Sie die Kinder, stehenzubleiben, wenn die Musik leiser wird, ihren Luftballon in beide Hände zu nehmen und mit ihm zu reden. Sie weisen den Freund auf etwas besonders Schönes im Wald/Park hin, zum Beispiel: *Schau, so schöne blaue Blumen!*
- Erklären Sie ihnen, dass sie alle mit ihrem Freund weitergehen sollen, wenn die Musik wieder lauter wird.
- Achten Sie darauf, dass insgesamt eine ruhige, entspannte und zarte Atmosphäre geschaffen wird!

30 10

Tastgegenstände

- ausgewählte Gegenstände
- ein großes Tuch
- Teppichfliesen oder Sitzkissen

Lernerfahrungen
- Adjektive verwenden.
- Tätigkeiten benennen und darstellen.

Vorbereitung
- Ordnen Sie Teppichfliesen oder Sitzkissen im Kreis an.
- Legen Sie einen Gegenstand in die Mitte und decken Sie ein Tuch darüber.

Durchführung
- Lassen Sie die Kinder einen Platz wählen und das Tuch zunächst nur anschauen. Sammeln Sie erste Eindrücke, indem nicht der vermutete Gegenstand genannt wird, sondern nur, welche Form oder Größe man sehen kann.
- Bitten Sie nun einzelne Kinder, den Gegenstand vorsichtig durch das Tuch zu ertasten. Sammeln Sie beschreibende Adjektive mit den Kindern: Fühlt es sich hart oder weich an, eckig oder rund, rau oder glatt? Ist es vielleicht hohl?
- Ermuntern Sie die Kinder nun reihum, eine kleine Handlung pantomimisch vorzuspielen. Darin spielt der Gegenstand die Hauptrolle, den das Kind unter dem Tuch vermutet. Auch wenn Kinder den gleichen Gegenstand vermuten, können sich nun verschiedene Spielmöglichkeiten ergeben. So kann ein Becher zum Trinken, Zähneputzen, Malen mit Wasserfarben usw. benutzt werden.

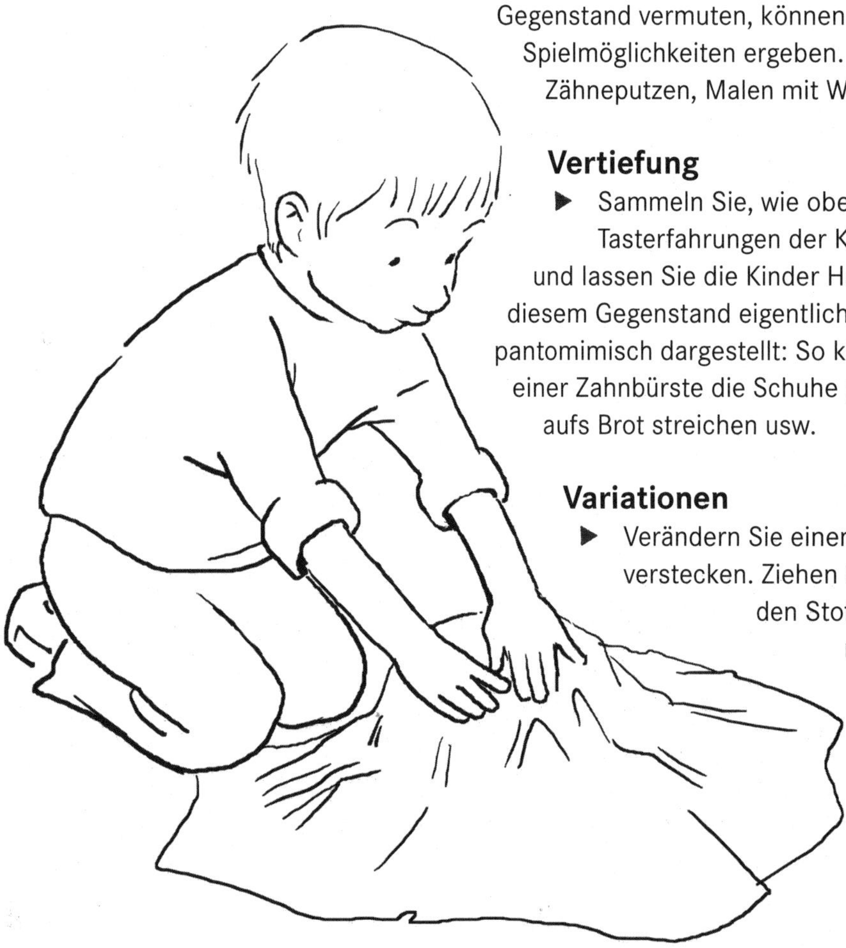

Vertiefung
- Sammeln Sie, wie oben, zunächst die Eindrücke und Tasterfahrungen der Kinder. Zeigen Sie dann den Gegenstand und lassen Sie die Kinder Handlungen erfinden, die man mit diesem Gegenstand eigentlich gar nicht machen darf! Diese werden pantomimisch dargestellt: So können die Kinder zum Beispiel mit einer Zahnbürste die Schuhe putzen, das Baby kitzeln, die Butter aufs Brot streichen usw.

Variationen
- Verändern Sie einen Gegenstand, bevor Sie ihn verstecken. Ziehen Sie beispielsweise einem alten Schirm den Stoff ab. So müssen die Kinder nachdenken und die Fantasie wird stärker angeregt.

Schiffbrüchige

30 10

Lernerfahrungen

- Verstehen, dass ein Gespräch aus Fragen und Antworten besteht.
- Persönliche Fragen stellen.

Vorbereitung

- Machen Sie sich bewusst, dass das Spiel durchaus symbolischen Gehalt hat, der sich den Kindern erschließt: Man kann zueinanderfinden, wenn man ins Gespräch kommt. Je nach Kindergruppe kann man dies auch thematisieren bzw. das Inselspiel später mit Konfliktpartnern gezielt spielen. Am Anfang sollte man eher Partner wählen, die sich mögen und gerne zueinanderkommen wollen.

- Teppichfliesen
- Schnüre, um zwei Inselflächen anzudeuten

Durchführung

- Kennzeichnen Sie zwei Inseln, sie sollten etwa zehn Teppichfliesen weit auseinanderliegen.
- Besprechen Sie mit den Kindern, was ein Schiffbrüchiger ist. Erklären Sie den Kindern, dass zwei Schiffbrüchige auf verschiedenen Inseln gestrandet sind. Sie können sich mit alten Holzbrettern (Teppichfliesen) eine Brücke bauen. Für jede Frage, die einer der beiden stellt, und die entsprechende Antwort dazu, erhalten die Schiffbrüchigen eine verbindende Teppichfliese.
- Wählen Sie die ersten beiden Spieler aus und bitten Sie sie, sich jeweils auf eine Insel zu setzen. Nun darf einer anfangen, dem anderen eine Frage zuzurufen. Es geht um die typischen Kennenlernfragen: *Wie heißt du? Wo kommst du her? Was spielst du gerne? Was isst du gerne?*
- Bitten Sie die Kinder, immer im Wechsel zu fragen. Für jede Dialogeinheit (Frage und Antwort) legen Sie eine Teppichfliese zwischen die beiden Inseln, bis die beiden Schiffbrüchigen zueinanderkommen können.

Vertiefung

- Die Kinder fragen und antworten nicht als sie selbst, sondern in einer Rolle, zum Beispiel als Schiffskoch, Kapitän, Matrose, Pirat usw.

30 12

Marionette

- Task-Karten
- evtl. vergrößerte Kopien einzelner Karten

Lernerfahrungen

- Körperhaltungen imitieren und beschreiben.
- Den Wortschatz zum Thema „Körperteile“ erweitern und vertiefen.

Durchführung

- Wählen Sie ein Kind als „Marionettenspieler“ aus. Bieten Sie diesem Kind einige Task-Karten an, aus denen es eine auswählt. Suchen Sie zwei weitere Kinder aus, die sich als Marionetten zur Verfügung stellen möchten. Der Marionettenspieler muss nun die beiden Marionetten in die gleiche Körperhaltung bringen, wie er sie auf der Task-Karte sieht.
- Machen Sie für alle drei Kinder die Regeln deutlich: Die Marionetten werden behutsam mit den Händen angefasst und umgeformt. Die beiden Marionetten helfen mit, indem sie sich nicht steif machen.
- Vergleichen Sie mit den zuschauenden Kindern das Task-Bild und die aufgestellten Marionetten: Muss etwas verbessert werden?
- Wichtig: Die Kinder sollen ihre Verbesserungsvorschläge verbal machen, dem Marionettenspieler genau sagen, was er an den Figuren umformen soll.

Variation

- Der Marionettenspieler kann die Marionetten verändern, indem er an unsichtbaren Fäden zieht, die die Marionetten an den Handgelenken, den Knien und den Füßen haben. Dazu muss sich der Spieler vor seine Marionetten stellen und mit eindeutigen Bewegungen zeigen, an welchem Faden er zieht. Die Übung eignet sich als Partnerübung, hat aber einen deutlich höheren Schwierigkeitsgrad.

Geschichten

40 | 10

Lernerfahrungen

- Eine Geschichte aus Bildern erfinden.
- Eine Geschichte nachspielen und nacherzählen.

Durchführung

- Legen Sie etwa 25 Karten aus, die die Kinder in Ruhe betrachten können.
- Lassen Sie die Kinder Spielpartner wählen und mit ihrem Partner zwei bis drei Spielkarten aussuchen, die ihrer Meinung nach eine Geschichte darstellen. Fragen Sie gezielt nach: *Denkt ihr, diese Karten passen zusammen? Was war denn zuerst? Was ist danach passiert? Legt die Karten so hintereinander, wie man sie spielen kann.*
- Fordern Sie die Spielpaare auf, in verschiedenen Ecken des Raumes ihre Geschichten zu proben. Gehen Sie dabei herum und greifen Sie beratend ein, wenn es nötig ist. Ist das Ergebnis zufriedenstellend, betonen Sie: *Jetzt ist es eine richtige Geschichte!*

- Task-Karten
- evtl. vergrößerte Kopien einzelner Karten

- Ermutigen Sie die Paare, ihre Geschichten den anderen vorzuspielen. Der Begriff „Geschichte“ sollte auch hier immer wieder genannt werden. Viele Kinder werden dabei plötzlich etwas anderes spielen, als sie vorher mit ihrem Partner geprobt haben. Sie nehmen Ideen anderer Kinder auf, die aber nicht in ihr Geschichte passen, wollen plötzlich ein Ende wie bei der vorigen Gruppe usw. Das ist durchaus normal! Trotzdem darf man als Spielleiter darauf hinweisen, dass der Partner ja dadurch irritiert wird und vielleicht gar nicht mehr mitspielen konnte.

Freies Thema

König und Diener (1)

Lernerfahrungen

- Genaues Hinhören einüben.
- Sprachanregungen aufnehmen und umsetzen.
- Dialogfähigkeit erweitern.
- Mit Körpersprache und Mimik kommunizieren.

- Textvorlagen für vier Spielgeschichten
- Tisch
- Stuhl
- Krone
- evtl. Umhang
- Teller
- Plastikbesteck

Vorbereitung

- Richten Sie einen „Bühnenraum“ her mit einem Tisch und einem Stuhl.
- Stellen Sie Plastikbesteck und Teller an der Seite bereit.

Durchführung

- Lesen Sie den Kindern jeweils eine Szene der Geschichte mit den entsprechenden Pausen vor.
- Zwei Kinder spielen als König und Diener dazu, in Szene drei kann auch der Hund von einem Kind gespielt werden.
- Bitten Sie die Kinder, pantomimisch zu spielen, welche Speise auf dem Teller serviert wird. Fenster und Spiegel sind auch imaginär, ihr Platz sollte aber vorher bestimmt werden.
- Die vorgelesenen Sätze können die Spieler animieren, einfache Sätze zu sprechen. Lassen Sie dafür genügend Raum!
- Natürlich kann es sich auch um eine Königin oder eine Dienerin handeln. Einzelne Handlungselemente kommen in den vier Szenen immer wieder vor und die Kinder genießen das. Erfahrungsgemäß wollen sie die Geschichten mehrfach spielen, und man sollte immer wieder mit Szene eins beginnen, weil die Szenen eine Steigerung der Absurdität haben und die Kinder darauf warten, dass es „immer schlimmer wird“. Der Schluss-Satz ist immer gleich und alle können ihn mitsprechen.

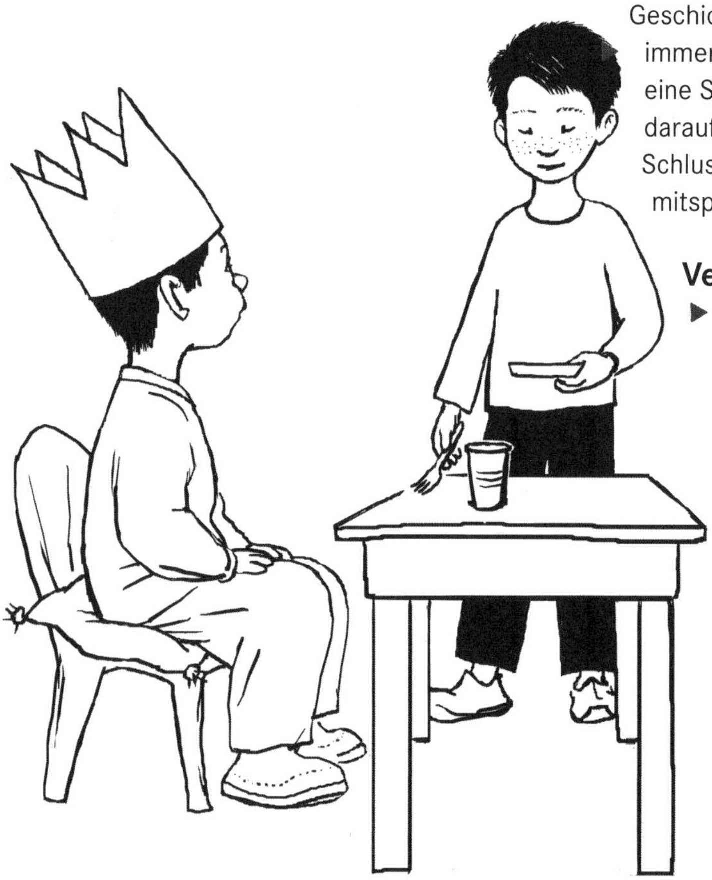

Vertiefung

- Die Kinder erfinden eine eigene König-und-Diener-Geschichte.

König und Diener (2)

Szene 1:

Es war einmal ein König.
Der König tritt auf und grüßt. Pause

Er hatte einen Diener.
Der Diener tritt auf und verbeugt sich. Pause
Der König setzt sich an seinen Tisch. Pause
Der Diener bringt ihm einen Teller mit Suppe. Pause
Der König beschwert sich, weil der Löffel fehlt. Pause
Der Diener holt einen Löffel. Pause
Der König isst.
Er schlürft ganz laut. Pause
Der König trinkt die Suppe vom Teller. Pause
Er reibt seinen dicken Bauch und ruft: **ACH, WAR DAS GUT!**

Szene 2:

Es war einmal ein König.
Der König tritt auf und grüßt. Pause

Er hatte einen Diener.
Der Diener tritt auf und verbeugt sich. Pause
Der König setzt sich an seinen Tisch. Pause
Der Diener bringt ihm einen Teller mit Pommes. Pause
Der König beschwert sich, weil die Gabel fehlt. Pause
Der Diener holt eine Gabel. Pause
Der König isst die Pommes.
Er schmatzt ganz laut. Pause
Er wirft ein paar Pommes für die Vögel aus dem Fenster. Pause
Er reibt seinen dicken Bauch und ruft: **ACH, WAR DAS GUT!**

Szene 3:

Es war einmal ein König.
Der König tritt auf und grüßt. Pause

Er hatte einen Diener.
Der Diener tritt auf und verbeugt sich. Pause
Der König setzt sich an seinen Tisch. Pause
Der Diener bringt ihm einen Teller mit Würstchen. Pause
Der König schimpft, weil das Besteck fehlt. Pause
Der Diener bringt Messer und Gabel. Pause
Der König schneidet ein Würstchen klein. Pause
Der Diener holt den Hund herein. Pause
Der König füttert den Hund mit Wurst. Pause
Dann füttert der König den Diener mit Wurst. Pause
Dann isst der König selbst eine Wurst. Pause
Er reibt seinen dicken Bauch und ruft: **ACH, WAR DAS GUT!**

Szene 4:

Es war einmal ein König.
Der König tritt auf und grüßt. Pause

Er hatte einen Diener.
Der Diener tritt auf und verbeugt sich. Pause
Der König setzt sich an seinen Tisch. Pause
Der Diener bringt ihm einen Teller mit Wackelpudding. Pause
Der Diener stolpert und der Wackelpudding fällt dem König auf den Kopf. Pause
Der König springt auf und tobt. Pause
Der Diener kniet nieder und bittet um Verzeihung. Pause
Der König schickt den Diener hinaus. Pause
Der König setzt sich. Pause
Der Diener kommt mit einer Gabel. Pause
Er kämmt dem König den Pudding mit der Gabel aus den Haaren.
Dem König gefällt das. Pause
Der Diener ist fertig. Pause
Der König geht zum Spiegel und ruft: **ACH, WAR DAS GUT!**

30 · 12 · ⁘

Was ist passiert?

Lernerfahrungen

- Dargestellte Körperhaltungen imitieren.
- Aus einer Körperhaltung heraus eine Situation beschreiben.
- Die Begriffe „vorher"/„nachher" verstehen und anwenden.

- Task-Karten
- möglicherweise Kopien einzelner Karten

Durchführung

- Fordern Sie die Kinder auf, jeweils in Paaren eine Task-Karte zu ziehen.
- Bitten Sie sie, sich zu einigen, wer welche Figur darstellt und dann die Körperhaltung möglichst genau zu imitieren.
- Regen Sie die Spieler an, zu überlegen, was diesen Figuren passiert sein könnte.
- Was war vorher, bevor sie auf dem Boden lagen, davonrannten usw.?
- Wenn die Darsteller sich geäußert haben, fragen Sie die Zuschauer nach ihren Ideen.

Bürstentheater

45 12

Lernerfahrungen

- Einer Figur eine Stimme geben.
- Eine kurze Handlung erfinden.
- Den Begriff „Geschichte" verstehen.
- Adjektive anwenden.

Vorbereitung

- Bereiten Sie ein kleines Probetheater vor, zum Beispiel umgekippte Tische, hinter denen sich die „Puppenspieler" verstecken können, oder Kasperletheater-Aufbauten oder aufgespannte Gardinen. Der Stoff gibt den Kindern das Gefühl, nicht gesehen zu werden. Gleichzeitig können sie ihre Handlung verfolgen.

Durchführung

- Besprechen Sie mit den Kindern die typischen Eigenschaften der Bürsten: *Wie fühlen sie sich an?* Bitten Sie die Kinder, Bürstenfamilien zusammenzustellen. Welche Bürste könnte einen Vater, eine Mutter, einen Jungen oder ein Mädchen darstellen?
- Lassen Sie alle Kinder eine Bürste als ihre „Kasperltheater-Puppe" auswählen.
- Ermutigen Sie die Kinder, in kleinen Gruppen typische Familienszenen zu spielen. Welche Gruppe möchte eine Geschichte vor allen Kindern spielen?
- Überlegen Sie mit den zuschauenden Kindern, ob die Geschichte verständlich war.

Vertiefung

- Da die Bürsten von vielen Kindern als Dauerspielzeug gewünscht werden, könnte man einige Bürsten mit Puppenschals oder Mützen verkleiden. Einige Bürsten bieten auch Holz- oder Kunststoff-Flächen, auf die man Gesichter malen kann.

- verschiedene, unbenutzte Bürsten: Haarbürsten, Spülbürsten, Klobürsten, Flaschenbürsten, Drahtbürsten usw.; die Anzahl sollte höher sein als die Anzahl der Kinder, damit Auswahlmöglichkeit besteht!
- evtl. Gardinenstoff und Wäscheklammern

30 | 8 | ⁙

Doktor Doolittle

Lernerfahrungen

- Sprechfreude erweitern und vertiefen.
- Einen Sprechrhythmus, eine Satzmelodie nachahmen.
- Den Wortschatz zum Thema „Tiere“ erweitern und vertiefen.

- Spielzeug-Arztkoffer
- weißer Kittel

Durchführung

- Erzählen Sie den Kindern von Dr. Doolittle, der/die eine Tierarztpraxis hat und jedes Tier verstehen kann, egal ob es *entisch, tigerisch, hundisch, katzisch, elefantisch, hyänisch* usw. spricht.
- Richten Sie mit den Kindern eine Tierarztpraxis ein, eventuell hat Dr. Doolittle auch eine Assistentin/einen Assistenten.
- Nun kann das erste Tier/Kind hereingerufen werden: Das Kind kann in seinen Bewegungen schon Hinweise geben, welches Tier es darstellt. Dann spricht es zu dem Arzt in seiner Tiersprache und erzählt ihm, wo es ihm wehtut. Natürlich versteht der Arzt das Tier, und sagt schon, was er tun will: eine Spritze gegen Rückenschmerzen geben, einen Zahn ziehen, eine Pfote verbinden ...
- Achtung: Animieren Sie die Kinder dazu, die „Heilhandlungen“ kurzzuhalten. Das Hauptaugenmerk liegt auf der Tiersprache.

Was machst du?

15 | 10

Lernerfahrungen

- Mit Körpersprache und Mimik kommunizieren.
- Genau zuhören, was der Mitspieler sagt.

Durchführung

- Bilden Sie mit den Kindern einen Stehkreis.
- Bitten Sie ein Kind, eine Alltagshandlung, zum Beispiel Schuhe putzen, pantomimisch darzustellen.
- Der rechte Nachbar fragt: *Was machst du?*
- Das erste Kind antwortet jedoch ‚*falsch*' mit einer anderen Alltagshandlung, zum Beispiel: *Ich kämme mir die Haare.*
- Dies muss dann sofort von dem fragenden Kind pantomimisch ausgeführt werden. Erklären Sie den Kindern, dass sie ruhig ein Geräusch dazu machen können. Wieder fragt der rechte Nachbar: *Was machst du?*

keine Materialien erforderlich

Vertiefung

- Schlagen Sie vor, die Alltagshandlungen alle in einer bestimmten Stimmung durchzuführen: *Dies ist ein Tag, an dem alle wütend sind!*

40 alle

Sonnen-Jan und Regen-Jan

- Bilderbuch: *Timm, Jutta/ Scheffler, Ursel: Sonnen-Jan und Regen-Jan (Ellermann)*
- evtl. in der Einrichtung vorhandenes Spielzeug

Lernerfahrungen

- In Reimen sprechen.
- Dialogfähigkeit erweitern.
- Handlungen erinnern, nachahmen und versprachlichen.

Vorbereitung

- Stellen Sie eine genügend große Spielfläche bereit.
- Kopieren Sie die Situationsbilder des Bilderbuches größer.

Durchführung

- Lesen Sie zunächst das Buch vor und zeigen Sie den Kindern die Bilder.
- Lassen Sie einzelne Kinder wiederholen, was Jan auf den jeweiligen Bildern tut. Kopien der Bildseiten helfen bei der weiteren Arbeit. Teilen Sie die Gruppe in zwei Kleingruppen.
- Üben Sie mit einer Gruppe den Reimbeginn für die Sonnengeschichten: *Scheint die Sonne, freut sich Jan, weil er dann –* Die andere Gruppe lernt den Reimbeginn für die Regengeschichten: *Regnet es, dann freut sich Jan, weil er dann –*
- Die Verse sollten laut und vor allen Dingen freudig gesprochen werden!
- Betrachten Sie noch einmal mit den Kindern die Situationsbilder.
- Besprechen Sie Möglichkeiten für Standbilder zu den Situationen.
- Lassen Sie die Kinder nun in zwei Gruppen weiterarbeiten: Die Regen-Sprecher-Kinder denken sich Standbilder zu den einzelnen Sonnensituationen aus, die Sonnen-Sprecher-Kinder zu den Regenbildern. Es können durchaus mehr Kinder das Bild stellen, als auf den Buchseiten zu sehen sind. Einzelne Kinder können auch Gegenstände darstellen!
- Nun kann das ganze Buch gespielt werden, wobei es schöner ist, wenn die Sonnen- und Regensituationen abwechselnd gespielt werden, also die Gruppen im Wechsel ihre Standbilder zeigen. Die Gruppen können sich gegenübersitzen.
- Begonnen wird immer mit dem Reimsprechen: Die Kinder beginnen laut den Vers zu rufen, der Spielleiter ergänzt ihn mithilfe der Buchseite und die andere Gruppe zeigt schnell das entsprechende Standbild dazu. Achten Sie auf Tempo, die Kinder sollen schnell in das Standbild „einfrieren" und das Standbild auf ein Zeichen von Ihnen schnell wieder auflösen!

Retter

30 | 12

Lernerfahrungen
- Bewegungsabläufe erinnern und verbalisieren.

Vorbereitung
- Stellen Sie einen großen, ruhigen Raum bereit.

keine Materialien erforderlich

Durchführung
- Entwerfen Sie im Gespräch folgendes Szenario: Ein Kind befindet sich in einem alten Haus und findet nicht zurück. Es ruft um Hilfe, aber der Retter muss einige Hindernisse überwinden.
- Sammeln Sie mit den Kindern typische Hindernisse in einem alten Haus (ein Tisch, eine Kiste, eine kleine Mauer, eine Leiter usw.) Wenn Sie einen Vorschlag der Kinder annehmen, installieren Sie den Gegenstand pantomimisch. Ordnen Sie die Hindernisse dabei auf einem gedachten geraden Weg an, der zum hilfesuchenden Kind führt.
- Bitten Sie nun einzelne Kinder, vorzumachen, wie das Hindernis pantomimisch überwunden werden kann: Klettert man darüber oder kriecht man unter ihm hindurch, kann man es umkippen oder eintreten?
- Ein um Hilfe rufendes Kind stellt sich nun ans Ende des imaginären Hindernisparcours, und ein Kind als Retter muss nun pantomimisch alle Hindernisse überwinden. Helfen Sie den Kindern zunächst noch, indem Sie die jeweiligen Hindernisse ansagen, die zu überwinden sind. Nach einigen Durchläufen merken sich die Kinder dann die Reihenfolge der unsichtbaren Gegenstände.

Vertiefung
- Ändern Sie mit den Kindern die Reihenfolge der Hindernisse oder erfinden Sie neue dazu.

Variationen
- Ermuntern Sie das hilferufende Kind, sich die Reihenfolge der Hindernisse zu merken und sie dem Retter zuzurufen: *Achtung, da ist die Mauer! Vorsicht, da steht der Tisch!*

15 | 15 |

keine Materialien erforderlich

Du-Kreis

Lernerfahrungen
- Die anderen gezielt ansprechen.
- Den Gegensatz von „Ich" und „Du" verstehen.
- Den Wortschatz zum Thema „Kleidung" erweitern und vertiefen.

Vorbereitung
- Stellen Sie einen Raum ohne Mobiliar bereit.

Durchführung
- Bitten Sie die Kinder, sich im Kreis aufzustellen. Jedes Kind sollte so viel Platz haben, dass es die Arme seitlich gut ausstrecken kann, ohne die anderen zu berühren.
- Erklären Sie den Kindern folgende Spielregeln: Ein Spieler geht auf einen anderen zu, zeigt auf ihn, sagt: *Du!,* und nimmt seinen Platz im Kreis ein.
- Der angesprochene Spieler macht sich seinerseits sofort auf den Weg.

Vertiefung
- Der angesprochene Spieler fragt zurück: *Wer? Ich?* Der erste Spieler antwortet: *Ja, du!*
- Dieser kleine Dialog kann beliebig ausgeweitet werden, indem der ankommende Spieler beispielsweise den anderen beschreibt: *Du mit dem roten Pullover!* Die entsprechende Nachfrage müsste dann lauten: *Wer, ich mit dem roten Pullover?*

Gelenkpuppe

20 12

! keine Materialien erforderlich

Lernerfahrungen

- Eine Geschichte miteinander entwickeln.
- Satzstrukturen erweitern und vertiefen.
- Sprache und Körpersprache aufeinander beziehen.

Vorbereitung

- Überlegen Sie verschiedene Anfänge für Geschichten, die in verschiedenen Szenarien spielen, zum Beispiel:
  Endlich war Lisas Geburtstag gekommen, …
  oder *Paul war auf dem Weg zum Fußballplatz, als …*

Durchführung

- Erklären Sie den Kindern, dass ein Spieler eine Gelenkpuppe darstellt, die in der Mitte eines Halbkreises steht. Diese kann sich nicht selbst bewegen, bleibt aber in der Haltung, in die sie von den Mitspielern gebracht wird.
- Geben Sie nun einen Geschichtenanfang vor.
- Nacheinander gehen nun aus dem Halbkreis alle Spieler einzeln zur „Puppe“, verändern ihre Haltung ein wenig und erzählen dazu fortlaufend eine Fortsetzungsgeschichte. Dabei kann auch die Mimik verändert werden.
- Bitten Sie die Kinder, behutsam mit der „Puppe“ umzugehen.

Vertiefung

- Bitten Sie Kinder, selbst Anfänge für Geschichten zu finden.
- Lassen Sie die Kinder eine Geschichte mit der Gelenkpuppe als Figur aus einer von ihnen gemochten Fernsehsendung entwickeln.

Freies Thema

Zwerg und Riese

Lernerfahrungen

- Die Begriffe „groß“ und „klein“ erleben und darstellen.
- Einen festgelegten Dialog nachsprechen.

- ein hoher Hut für den Riesen
- eine Zipfelmütze für den Zwerg

Durchführung

- Bilden Sie mit den Kindern einen Halbkreis, die gemeinsame Blickrichtung ist die offene Kreisseite, die unsere „Bühne“ ist.
- Bauen Sie pantomimisch nun mit allen Kindern das Haus für den Zwerg, wobei ein fester Platz auf der „Bühne“ ausgewählt wird. Fordern Sie die Kinder auf, sich genau zu merken, wo die Tür, das Fenster, die Einrichtungsgegenstände angeordnet wurden.
- Begleiten Sie alle Handlungen sprachlich: Wir bauen vier *kleine* Wände, eine *kleine* Tür, ein *kleines* Fenster. Der Zwerg bekommt ein *kleines* Bett, einen *kleinen* Tisch usw. Achten Sie darauf, dass mindestens acht Gegenstände benannt werden.
- Bauen Sie nun alle das Haus für den Riesen. Denken Sie daran, dass nun jeweils der Begriff *groß* betont wird.
- Wählen Sie jetzt zwei Kinder aus, die mithilfe der Hüte den Zwerg und den Riesen darstellen. Die anderen Kinder setzen sich auf den Boden, sie sind nun Zuschauer.
- Zwerg und Riese laden sich gegenseitig ein. Der Dialog sollte fest vereinbart werden, damit die Kinder eine sprachliche Orientierung haben.

Beispiel:

Zwerg: *Guten Tag, Riese! Möchtest du mal in meinem Bett liegen?*
Riese: *Ja, sehr gerne!*
Die Formulierung „Ja, sehr gerne!“ ist wichtig, weil sie zur positiven Spielhaltung beiträgt. Nun muss der Riese pantomimisch durch die kleine Tür in das kleine Bett. Das wird ihm zu unbequem, er klettert wieder heraus, es folgt eine Gegeneinladung nach oben genanntem Muster. Nun muss vielleicht der Zwerg eine Tasse Tee anheben, die ihm viel zu groß und schwer ist. Es wechseln dann jeweils zwei andere Kinder in die Rolle von Zwerg und Riese.

Vertiefung

- Anschließend können Sie den Kindern DIN A3 und DIN A5 große Zeichenblätter anbieten, auf denen sie ein Zwergenhaus und ein Riesenhaus malen.